사성제와 팔정도

김현준 지음

효림

서 문

✿

　어느 날 밤, 부처님께서는 기원정사에서 비구들을 모아놓고 염라왕의 사자使者에 대한 이야기를 들려 주셨습니다.
　이 세상에서 악한 일을 많이 한 남자가 죽어 지옥에 떨어지자, 옥졸이 잽싸게 포박하여 염라왕 앞으로 끌고 갔습니다.
　"대왕이시여, 이 사내는 세상에 있을 때에 부모님께 불효하고, 나쁜 짓·나쁜 말을 많이 하였으며, 스승과 어른들을 공경하지 않은 죄로 지옥에 떨어졌나이다. 어떠한 벌을 주어야 할지 판결하여 주옵소서."
　염라왕은 그 사내에게 질문부터 했습니다.
　"나는 모든 인간이 살아있을 때 세 차례씩은 꼭 사자를 파견하고 있다. 너는 내가 보낸 첫 번째 사자를 보았느냐?"
　"대왕이시여, 보지 못하였습니다."

"무어라? 정녕 너는 깊은 주름에 허리가 굽고 지팡이에 의지하여 걷는 노인을 보지 못하였다는 것이냐?"

"대왕이시여, 그와 같은 노인은 매우 많이 보았습니다."

"그것을 보고서도 너는, '나 또한 저렇게 늙을 것이니, 더 늙기 전에 몸과 말과 마음으로 부지런히 착한 일을 해야겠다'는 생각을 하지 않았더냐?"

"그 노인이 대왕님의 사자인 줄을 미처 알지 못한 지라, 거리낌없이 멋대로 살았습니다. 알았더라면 어찌 감히 방일放逸하게 살았겠습니까?"

"그렇다면 두 번째 사자는 보았느냐?"

"대왕이시여, 본 일이 없습니다."

"어찌 너는 병으로 인해 홀로 눕거나 일어나지 못하는 사람, 대소변도 직접 보지 못하는 사람을 본 일이 없다고 하느냐?"

"그와 같은 사람은 많이 보았습니다."

"그것을 보고서도 너는, '나라고 하여 병이 피해가지

는 않으리라. 건강할 때 몸과 말과 마음을 잘 단속하여 깨끗한 삶을 살겠다' 는 생각을 하지 않았더냐?"

"대왕이시여, 저는 그 병의 사자를 미처 알아보지 못하여 방일하게 살았습니다."

"그렇다면 나의 세 번째 사자는 보았느냐?"

"보지 못하였나이다."

"죽어 가는 사람, 죽은 사람을 보지 못하였다니!"

"아, 죽어 가는 사람과 죽은 시체는 많이 보았습니다."

"죽음을 통하여 네가 나에게 올 날이 가까워졌음을 통고하였거늘, 어찌 그다지도 죄만 짓고 살았다는 것이냐?"

"잘못했습니다, 대왕이시여. 한 번만 더 기회를 주시면 몸과 말과 마음을 모두 기울여 좋은 일을 하겠습니다."

"이미 늦었도다. 너의 주위에서 수시로 늙음과 병듦과 죽음을 보여 깨우쳐주었거늘, 방일한 마음으로 거리낌

없이 멋대로 살았으니 그 죄보를 받지 않으면 안 된다. 그 죄를 누가 지었더냐? 너의 부모나 형제·자매·친척·친구가 지은 것이 아니다. 네 스스로 한 일이니, 너만이 그 과보를 받는 것이다. 여봐라! 저 사내를 화탕지옥으로 던져버려라."

부처님께서는 이상의 이야기를 들려주신 다음 결론을 맺어주셨습니다.

"염라왕의 세 사자인 늙음과 병듦과 죽음은 언제나 우리들 주위에 있다. 이 사자들을 보면서 방일을 여의고 깨달음을 구하는 이는 '다행한 사람'이지만, 이 사자들을 보면서도 깨닫지 못하는 이는 긴긴 세월 동안 고통과 후회 속에 빠져 지내야하니 어찌 슬프지 않겠느냐?"

— 중일아함경

우리는 어떠한 부류의 사람입니까? 다행한 사람입니까? 방일한 사람입니까? 고통과 후회 속에 빠져 사는 존재입니까?

정말 다행한 사람! 염라왕의 사자를 보면서 스스로를 깨우쳐 방일을 떨쳐버릴 줄 아는 이는 정말 다행한 사람입니다. 부처님의 가르침을 접하며 나날이 깨어나는 불자는 정말 다행한 사람입니다. 부처님의 완전한 법을 '나'의 것으로 만들며 살아가는 우리는 정말정말 다행한 사람입니다.

정말 다행한 우리는 부처님께서 우리를 위해 설하신 완전한 법을 실천하여 잘 사는 길·향상의 길·해탈의 길·행복의 길로 나아가야 하며, 그 길로만 나아가면 염라왕과는 만날 필요조차 없습니다.

그 길이 무엇인가? 바로 사성제四聖諦와 팔정도八正道입니다. 이제 그 완전하고 성스러운 네 가지 진리와 여덟가지 바른 길로 들어서서 함께 거닐어 보도록 합시다.

불기 2557년 1월

김 현 준 拜

차 례

서문 / 4

사성제四聖諦　　　　　　　　　　　　13

사성제 총론
- 성聖과 제諦의 의미 / 15
- 사성제 법문의 흐름과 깨우침 / 21

고성제苦聖諦
- 고성제와 8고八苦 / 32
- 구부득고와 오음성고 / 38
- 부처님의 사문유관과 고성제 / 45

고집성제苦集聖諦
- 괴로움의 원인은 무엇인가 / 53
- 탐욕은 만족할 줄 모른다 / 58

고멸성제苦滅聖諦
- 고멸성제는 열반 / 62
- 꼭두각시놀음과 고멸성제 / 65

고멸도성제苦滅道聖諦
- 고멸도성제는 팔정도 / 73
- 도는 무엇이며 어디에 있는가 / 76

팔정도八正道　　　　　　81

정견正見
- '나'부터 바로 보라 / 83
- 있는 그대로를 보라 / 93
- 사견에 집착 말고 인연을 바로 보라 / 102
- 헛된 것을 추구하지 말라 / 113

정사正思
- 삼독을 떠난 정사 / 120
- 탐욕심 다스리기 / 123
- 진에를 돌아보면 평화로움이 / 126
- 무엇이 어리석은 생각인가? / 130
- 한 생각의 전환이 인생을 바꾼다 / 137

정어正語
- 구업口業을 단속하는 바른 말 / 141
- 불망어不妄語는 진실어眞實語 / 143
- 불양설不兩舌은 화합어和合語 / 148
- 악구惡口 대신 축원을 / 152
- 기어綺語보다는 침묵을 / 159

정업正業
· 불살생 · 불투도 · 불사음 / 163
· 살리며 베풀며 맑게 살지니 / 169

정명正命
· 정명의 반대인 사명邪命이란? / 175
· 바른 직업과 돈 / 182
· 스스로를 흔들지 말라 / 192
· 인연업과因緣業果와 정명 / 196

정정진正精進 · 정념正念 · 정정正定
· 정정진의 시작은 발대자비심發大慈悲心 / 201
· 정념과 정정 / 214

평화롭게 팔정도를 닦자 / 225

사 성 제
四 聖 諦

사성제 총론

고성제

고집성제

고멸성제

고멸도성제

사성제 총론

성聖과 제諦의 의미

 사성제四聖諦는 사제四諦라고도 하며, 이 사성제가 고성제苦聖諦·집성제集聖諦·멸성제滅聖諦·도성제道聖諦의 넷으로 구성되어 있다는 것은 대부분의 불자가 잘 알고 있습니다. 그러나 '고·집·멸·도의 뒤에 왜 성제聖諦를 붙였는가?'를 물어보면 쉽사리 대답을 하는 이가 드뭅니다.
 왜 부처님께서는 이 넷을 '성제'라고 하셨는가? '성제'라는 단어 속에 간직되어 있는 의미는 무엇인가? 그 해답은 '성제'의 범어梵語를 풀이해 보면 쉽게 얻을 수 있습니다.

성제聖諦의 범어는 '아리야 사티야(āryasatya)'입니다.

일반적으로는 아리야(ārya)를 성聖, 곧 '거룩함'으로 많이 번역하지만, 아리야 원래의 뜻은 '온전함'입니다. 온전하기 때문에 성스럽다고 하는 것입니다.

이에 입각하여 불교에서는 온전해진 사람, 완전한 존재를 성인聖人이라 칭합니다. 기독교에서는 그 종교를 위해 힘을 쓴 사람, 순교를 한 사람을 성인이라고 하지만, 불교에서는 진리에 완전히 안주하여 더 이상은 미세한 흔들림도 없는 제8 부동지不動地 이상의 경지에 오른 보살에게만 '성聖'이라는 호칭을 붙이도록 되어 있습니다. 우리나라의 경우라면 원효대사와 같은 분에게 '성인'이라고 하는 것입니다.

따라서 우리는 사성제의 '성聖'이 단순한 '거룩함'이 아니라, '온전함'에 더 무게를 두고 있다는 것을 분명히 알아야 합니다.

그리고 제諦로 번역되는 사티야(satya)는 '생명'· '존재'를 뜻하는 사트(sat)에 야(ya)를 붙여 '생명 있는 것'· '살아 있는 것'을 나타낸 단어입니다. 이를 한자 문화권에서는 '진리'·'깨달음' 등으로 풀이하였습니다. 곧 사티야(諦) 속에는 '살아 있는 진리, 깨달은 진리'라는 뜻이 담겨 있는 것입니다.

따라서, '아리야(ārya, 聖) + 사티야(satya, 諦) = **완전히 살아 있는 진리, 온전한 깨달음**'으로 이해할 줄 알아야 하며, 사성제가 단순한 네 가지 성스러운 가르침이 아니라 우리를 완전히 살아나게 하고 온전한 깨달음에 이르게 하는 가르침으로 이해할 수 있어야 합니다.

『증일아함경 增一阿含經』사제품四諦品에서 부처님께서는 말씀하셨습니다.

이 사제법은 진실하여 헛되지 않으며, 완전한 깨침을 얻은 여래如來의 말씀이므로 '제諦'라고 하나니, 제는 '진실한 도리'라는 뜻이다. 여래가 깨달아 말하는 사제법은 가장 진실한 것이건만, 중생들은 이것을 알지 못하여 생사의 바다에서 헤어나지 못하고 육도六道를 윤회하느니라. 내 이제 중생들로 하여금 사제법을 얻어 생사고해의 차안此岸에서 열반의 피안彼岸에 이르게 함이로다.

이어 부처님께서는 게송偈頌으로 설하셨습니다.

여기 참된 사제의 법문이 있건만
이 도리를 제대로 아는 이가 없어
생사의 고해에서 끝없이 헤매누나
나 이제 사제법을 여실히 깨달았기에
중생들로 하여금 이 도리를 알게 하여
생사의 고해에서 길이 벗어나게 하노라

흔히들 '사성제'라 하면, 보살에 비해 그릇이 작은 성문聲聞을 위해 방편으로 설한 가르침이라고 하지만, 실로 사성제는 방편설이 아닙니다. 『증일아함경』의 말씀처럼, 완전한 깨달음을 이루신 여래께서 고해 속을 떠도는 '생사윤회의 중생을 위해 설하신 완전한 법문'입니다. 바로 이 사성제가 부처님께서 녹야원의 초전법륜初轉法輪 때 설하여 다섯 비구를 모두 아라한으로 만든 법문이지 않습니까?

실로 십이인연법十二因緣法이 부처님께서 '스스로 증득한 바를 이야기한 자내증自內證의 법문'이라면, 사성제는 부처님께서 깨우쳐 증득하신 바를 중생을 위해 알기 쉽게 풀이하여 설한 법문입니다.

성도成道 후 부처님께서는 삼칠일(21일) 동안 깊은 삼매에 들어 위없는 깨달음을 점검하고 즐기셨으나, 십이인연의 이치가 매우 어려워 세상 사람들에게 설하여도 쉽게 이해를 못하리라 판단하셨습니다. 그리하여 설법을 포기하고 바로 열반에 들고자 했습니다.

그때 대범천왕이 부처님께 나아가, 열반에 드시지 말고 꼭 설법을 하실 것을 청하였습니다. '만약에 설하시지 않는다면 세상은 점점 더 타락하게 될 것이요, 비록 일부에 불과할지라도 이해할 자가 있을것'이라는 이유를 든 것입니다.

이에 부처님께서는 설법의 방법을 연구하여 사성제를 고안하였습니다. 곧, 부처님께서는 의사가 병자를 치료하는 원리에 입각하여 고苦·집集·멸滅·도道의 네 단계를 갖춘 사성제법을 개발하신 것입니다.

- 고苦 — 현재 고통받고 있는 너의 병은
- 집集 — 그 병의 원인은 이것이다
- 멸滅 — 병없는 건강한 몸으로 회복하고 싶으냐?
- 도道 — 그렇다면 이와 같은 치료를 해야만 한다

우리는 분명히 알아야 합니다. 이 사성제가 온전한 깨달음의 법문이라는 것을. 고해로부터 해탈시키고자 하는 부처님의 무한 자비가 간직되어 있다는 것을. 부처님께서 우리를 당신과 같은 자리로 끌어올리고자 하여 사성제의 법문을 설하였다는 것을!

이제 『초전법륜경』 속의 사성제 법문을 함께 음미한 다음, 사성제의 기본 흐름과 인과因果관계를 살펴보도록 합시다.

사성제 법문의 흐름과 깨우침

❀

여래가 체득한 바 법에 사성제가 있으니, 곧 고성제·고집성제·고멸성제·고멸도성제가 그것이다.

수행자들이여, 괴로움에 대한 온전한 진리인 고성제苦聖諦는 다음과 같다. 생生이 고苦요, 노老가 고요, 병病이 고요, 사死가 고이다. 미운 사람과 만나는 것이 고요[怨憎會苦], 사랑하는 이와 헤어지는 것이 고요[愛別離苦], 구하는 것을 얻지 못하는 것도 고이다[求不得苦]. 통틀어 정신과 육체로 이루어진 이 삶 자체가 고인 것이다[五陰盛苦].

수행자들이여, 괴로움의 원인에 대한 온전한 진리인 고집성제苦集聖諦는 다음과 같다. 곧 다시 태어나는 원인이 되고, 환락을 탐하여 여기저기로 즐거움을 찾아 헤매게 하는 갈애渴愛가 그것이다. 환락에 대한 갈애, 생존에 대한 갈애, 영원함에 대한 갈애가 그것이다.

수행자들이여, 괴로움의 소멸에 대한 온전한 진리인 고멸성제苦滅聖諦는 다음과 같다. 곧 욕망을 남김

없이 단념하고 내던지고 없애고 해탈하여 집착이 완전히 없어지는 것을 말한다.

  수행자들이여, 괴로움을 소멸시키는 방법에 대한 온전한 진리인 고멸도성제苦滅道聖諦는 다음과 같다. 곧 올바른 견해[正見], 올바른 생각[正思], 올바른 말씨[正語], 올바른 행위[正業], 올바른 생활[正命], 올바른 노력[正精進], 올바른 신념[正念], 올바른 선정[正定]의 팔정도八正道가 그것이다.

  수행자들이여, 이 사성제는 지금까지 아무도 가르친 바가 없으며, 나 스스로가 깨달아 얻은 법이다. 나는 이 법에 의해 마음의 눈을 열었고, 지혜를 낳았고, 빛을 낳았느니라.

이상은 『초전법륜경』에 수록되어 있는 사성제의 가장 원초적인 법문입니다. 부처님께서 최초로 깨달아 얻었고 최초로 가르치신 사성제 법문! 이 법문을 통하여 부처님께서는 중생의 마음을 열어주고 지혜와 빛의 삶을 살도록 하셨습니다.

  그럼 어떻게 하여야 우리가 이 법문 속에서 마음을 열고 지혜의 빛을 발할 수 있는가? 앞에서 '성제'라는 단어 속에 '온전한 진리, 온전한 깨달음'이라는 뜻이 담겨져 있음을 살펴보았듯이, 우리는 이 네 가지 온전한 진리를 단순한 가르침으로 받아들여서는 안 됩니다. 사성제의 하나하나에 대해 온전한 깨달음을 이루어야 합니다.

먼저 고성제를 예로 들어봅시다.

고성제苦聖諦는 '삶이 괴롭다는 것을 온전히 깨달아라'는 가르침입니다. 대부분의 사람들은 행복을 추구하고 있습니다. 하지만 행복하게 사는 이는 극히 드뭅니다. 생로병사만 있어도 괴로운데, 미운 사람과의 만남, 사랑하는 이와의 이별, 뜻대로 되지 않는 일들이 가득하니 어찌 행복할 수 있겠습니까? 정녕 죽는 순간에 이르러 '참으로 잘 살았다'고 자신 있게 이야기할 수 있는 사람이 몇이나 될 것입니까?

이에 부처님께서는 행복한 삶을 위해 처음부터 다시 시작할 것을 가르쳤으며, 다시 시작할 때 꼭 필요한 고성제는 무엇보다 먼저 현재의 삶을 정확히 돌아볼 줄 알아야 한다는 가르침입니다. 곧 현실을 돌아보고 정확히 깨달으라는 것입니다.

이제 '나' 자신의 삶을 되돌아 보십시오.

'나'는 이제까지 행복하게 살았는가? 괴롭게 살았는가? 지금은 행복한가? 미래에는 행복하게 살 것이라 확신을 하는가?

나이가 들수록 우리는 인생의 괴로움을 많이 체험합니다. 돈이 없을 때는 없어서 괴롭고, 고생 끝에 돈을 모아 놓으면 잘 지키기가 힘들어 괴롭습니다. 그 좋은 사랑에도 괴로움이 따르기는 마찬가지입니다. 같이 있고 싶지만 언제나 함께 할 수 없어 괴롭고, 마음에 맞아 사랑한 사람이 자꾸만 나의 뜻에 맞지 않은 길로 나아가니 괴롭습니다. 원하여 낳은 자식이 속을 썩이니 괴롭고, 제멋대로 행동하니 괴롭습니다. 그리고 어디를 가나 꼭 미운 사람이 한·둘씩 있어 마음이 편하지를 못합니다.

그야말로 괴로움은 도처에 놓여 있으며, 한 마디로 인생은 '나의 뜻대로 되지 않는 괴로움 덩어리'라 하지 않을 수 없습니다. 물론 인생살이가 괴롭지 않은 사람도 있을 것입니다. 하지만 대부분은 많이도 괴로움을 느끼며 삽니다. 다만 속으로 삭이면서 밖으로 표출시키지 않을 뿐입니다.

이제 우리는 괴로운 현실을 있는 그대로 긍정해야 합니다. 현실을 현실 그대로 긍정하고, 있는 그대로를 있는 그대로 긍정할 줄 알아야 합니다. 괴로움을 괴로움으로 긍정할 줄 알아야 합니다. 긍정을 할 때 행복의 주춧돌이 놓이고 행복의 문이 열리기 시작하기 때문입니다.

부처님께서 고성제로 여덟 가지 괴로움을 설하신 것은 인생살이에 있어 적어도 이 여덟 가지 괴로움은 피할 수 없다는 것을 긍정하라는 것입니다. 누구도 면할 수 없는 이 여덟 가지 괴로움에 대해 철두철미하게 인정하고 깨달으라는 가르침입니다.

일부에서는 고苦와 무상無常을 강조하는 불교를 허무주의요 체념주의라고 하는 이가 있습니다. 그러나 불교의 고는 '허무에 빠져라'는 고가 아닙니다. '체념하라'는 고가 아닙니다. 고를 낙으로 바꾸기 위해 철두철미하게 현실을 긍정하고, 현실이 괴로움으로 가득하다는 것을 깨달으라는 것입니다.

바꾸어 말하면 고성제는 첫 번째 깨달음입니다. 인생을 잘 살기 위해서는 이것부터 깨달아야 한다는 것입니다. 무상하고 덧없다는 제행무상의 가르침도 마찬가지입니다. 삼법인三法印의 가르침에서 알 수 있 듯이, '제행무상을 긍정하여 발심을 하고 제법무아諸 法無我임을 자각하게 되면 열반적정涅槃寂靜을 이룬 다'는 것을 일깨우고 있습니다.

고와 무상은 허무주의가 아닌 가장 현실적인 가르침입니다. 체념이 아니라 적극적인 삶을 이끌어내는 가르침입니다. 현실 속에서 적극적으로 살기 위해서는, 있는 그대로를 있는 그대로 보고 있는 그대로 받아들일 수 있어야 합니다.

하루 24시간 내내 괴로운 것은 아니지만, 기쁨보다는 괴롭고 귀찮고 슬픈 이 현실을 즐겁고 행복한 인생이라고 본다면 착각이요 미혹일 뿐입니다.

더욱이 이 고성제의 여덟 가지 괴로움은 부처님께서 발견한 진리가 아닙니다. 거부할 수 없는 중생계의 현실을 현실 그대로, 있는 그대로의 사실을 사실 그대로 표현하신 것입니다.

이것을 긍정하고 확실히 깨달을 때 우리는 다음 단계로 나아갈 수 있습니다. 완전한 행복을 위한 다음 단계로 향상을 할 수 있기 때문에, 부처님께서는 고성제를 사성제의 첫 머리에 둔 것입니다.

사성제의 두 번째 단계인 **고집성제**苦集聖諦는 괴로움의 원인을 밝힌 것입니다. 우리가 '괴롭다'고 할 때의 그 괴로움에는 반드시 원인이 있기 마련이요, 괴로움을 근본적으로 치유하려면 그 괴로움을 모아들인〔集〕원인을 찾아내어야만 합니다. 그래야만 괴로움을 근원적으로 차단할 수 있기 때문입니다.

그런데 참으로 묘하게도, 괴로움을 벗어나고자 하는 사람들 중에 괴로움의 뿌리가 무엇인지를 알려고 하지 않는 이들이 너무나 많습니다. 괴로움을 불러들인 원인을 알면 참회만으로도 괴로운 이 몸을 쉽게 치유할 수 있을텐데, 괴로움 자체에만 빠져들어 갈 뿐 원인이 무엇인지를 찾고자 하지 않습니다.

그 결과, 그들은 괴로움 속에서 그 괴로움을 낳아준 원인에 더욱 집착하고 새로운 업을 지어 더 깊은 괴로움에 빠져들기도 하며, 절대적인 힘에 매달려 맹목적으로 구원을 청하거나, '괴로움을 면하게 해주겠다'는 이상한 유혹에 빠져 몸을 망치고 재물을 날리기도 하는 것입니다.

괴로움을 벗어나려는 자가 괴로움을 피하거나 일시적인 미봉책을 쓰는 이상에는 절대로 괴로움이 그치지 않습니다. 내가 괴로움의 씨를 심으면 내가 괴로움의 열매를 거둔다는 것! 이것은 너무나 자명한 현실입니다.

고집성제는 결코 부처님의 창조품이 아닙니다. 이 현실 속에 널려 있는 괴로움의 원인을 부처님께서 세심히 관찰하시어 천명하신 보편적인 진리입니다.

진정 우리가 괴로움의 현실에서 벗어나고자 한다면, '나' 스스로가 심은 괴로움의 원인이 무엇인지를 분명히 깨달아야 하며, 그런 다음에라야 진정한 행복의 삶을 추구할 수가 있다는 것을 잘 명심하시기 바랍니다.

세 번째 단계의 **고멸성제**苦滅聖諦는 괴로움이나 괴로움의 원인을 그냥 방치하지 말고, 괴로움의 원인을 완전히 제거하여 괴로움을 완전히 멸한 적멸(寂滅, 열반)의 자리에 이를 것을 천명한 적극적인 가르침이다. 곧 '고를 완전히 소멸한 고멸성제를 이루면 부처님이 될 수 있으니, 너희도 이 진리를 깨달아라' 는 것입니다.

네 번째 단계의 **고멸도성제**苦滅道聖諦는 고의 집(苦集)을 멸하는 방법을 설하신 것으로, 부처님께서는 구체적으로 팔정도八正道를 제시하셨습니다. 이 고멸도성제와 고멸성제는 서로 인因과 과果의 관계를 이루고 있습니다.

그런데 부처님께서는 '고멸도苦滅道 = 팔정도八正道'라 하시고 다시 '성제聖諦'라 하셨습니다. 왜 이렇게 표현하셨을까? 팔정도를 닦으면 틀림없이 고를 멸하는 결과를 얻을 수 있다는 뜻도 담겨 있지만, '팔정도야말로 완전한 깨달음의 길'이라는 것을 분명히 심어주고자 하신 때문입니다.

이상의 사성제를 한 마디로 요약하면, "현실의 고를 멸하여 완전한 행복을 얻고자 하거든, 팔정도를 실천하여 고의 원인을 없애라."는 것입니다.

그리고 사성제를 종합적으로 볼 때, 첫 번째 고성제와 두 번째 고집성제는 세속의 현실 속에 노출되어 있는 진리요, 세 번째 고멸성제와 네 번째 고멸도성제는 부처님께서 새로 개발하신 진리입니다.

또한 앞의 두 성제가 생사윤회하는 세간世間속의

진리요 세간 속의 인과관계라면, 뒤의 둘은 세간을 넘어선 출세간出世間의 진리요 열반의 인과관계를 형성하고 있습니다. 따라서 옛 스승들은 고성제와 고집성제를 속제俗諦로 묶고, 고멸성제와 고멸도성제를 진제眞諦로 묶었습니다. 이를 도식화하면 다음과 같습니다.

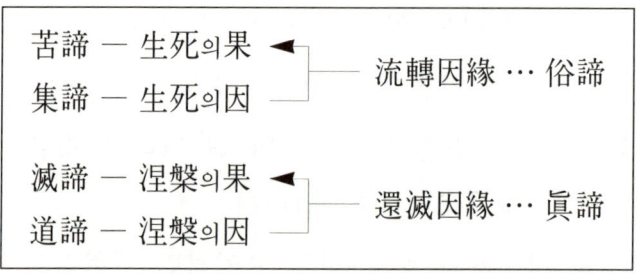

※ 유전인연은 생사의 세계로 들어가 윤회하는 인연, 환멸인연은 열반으로 나아가는 인연을 뜻함.

이제 사성제의 법문이 번뇌를 없애고 지혜를 열고 깨달음을 이루는 가장 요긴한 것임을 거듭 강조하신 『난다카교계경 敎誡經』의 말씀을 함께 음미한 다음 사성제 각론으로 넘어가고자 합니다.

어느 때 부처님께서 코오삼비의 신사파숲으로 들어가 나뭇잎을 손에 쥐고 질문을 하셨습니다.

"비구들이여, 이 숲의 나뭇잎과 이 손안의 나뭇잎 중 어느 쪽 나뭇잎이 더 많으냐?"

"부처님이시여, 비교할 바도 없이 숲의 나뭇잎이 몇 억 배나 더 많습니다."

"비구들이여, 내가 알고도 말하지 않은 법은 저 숲속의 나뭇잎만큼이나 많고, 말로 한 법은 이 손안의 나뭇잎처럼 적다. 왜 아는 것을 다 말하지 않음인가? 말을 하여도 아무런 이익이 없기 때문이니라. 곧 깨끗한 수행에 필요하지도 않고, 번뇌를 없애거나 지혜를 열거나 깨달음을 이루어 열반에 들어가게 하는 데에 이익됨이 없기 때문이다.

그러나 비구들이여, 내가 설한 고苦·집集·멸滅·도道 사성제의 법은 큰 이익이 있으니, 깨끗한 수행에 필요하며, 번뇌를 없애고 지혜를 열며, 깨달음을 이루어 열반에 들어가게 하느니라. 그러므로 비구들이여, 이 사성제를 지니고 함께 공부해야 하느니라."

고성제苦聖諦

고성제와 8고八苦

현실의 괴로움을 분명히 깨닫고〔苦聖諦〕
괴로움의 원인을 정확히 파악하라〔苦集聖諦〕
열반의 완전한 행복에 이르려면〔苦滅聖諦〕
팔정도를 잘 닦아 익혀야 하느니라〔苦滅道聖諦〕

이렇게 고·집·멸·도의 넷으로 이루어진 사성제는 현재의 괴로운 삶을 출발점으로 삼고 있으며, '고苦의 해탈解脫', 곧 '괴로움의 굴레를 완전히 벗어나는 것'을 목표로 삼고 있습니다.

자세히 사성제의 명칭을 살펴보십시오. '고성제·

고집성제·고멸성제·고멸도성제' 네 가지 이름 앞에는 '고苦'가 꼭 붙어 있습니다. 왜 '고'자를 붙인 것일까? 첫 번째 깨달음인 고성제, 이 사바세계의 삶이 괴로움으로 가득하다는 것을 철두철미하게 깨달을 때 집성제도 멸성제도 도성제도 이루어질 수 있다는 것을 나타내기 위한 것입니다.

『수달경 須達經』에는, 어느 때 수닷타 장자가 기원정사로 부처님을 찾아 뵙고 사성제에 대해 문답한 내용이 수록되어 있습니다. 그때 수닷타 장자는 '네 가지 성제는 차례로 알게 되는 것인가? 한꺼번에 알게 되는 것인가?'에 대해 여쭈었고, 부처님께서는 다음과 같이 명확하게 답하셨습니다.

이 네 가지 성제는 차례로 알게 되는 것이요, 한꺼번에 알게 되는 것이 아니니라. 만일 고성제를 밝게 알지 못하고서 '고집성제·고멸성제·고멸도성제를 밝게 안다'고 하면 그 말은 맞지 않느니라. 왜냐하면, 고성제를 밝게 알지 못하면 고집성제·고멸성제·고멸도성제를 밝게 알 수 없기 때문이니라. 장자여, 고성제를 밝게 안 다음이라야 고집성제·고멸성제·고멸도성제를 밝게 알 수가 있느니라.

고성제를 알지 못하면 나머지 성제도 알 수 없음을 분명히 천명하신 부처님의 가르침! 실로 '고苦'의 세계에 태어난 사바의 중생에게 있어 고성제를 분명히 자각하는 것이야말로 해탈을 이루고 복된 삶을 이루는 첩경인 것입니다.

그럼 고성제는 무엇인가? 여러 경전에서는 한결같이 8고八苦를 이야기하고 있습니다.

① 태어나는 것은 괴로움이다〔生苦〕
② 늙는 것은 괴로움이다〔老苦〕
③ 병드는 것은 괴로움이다〔病苦〕
④ 죽는 것은 괴로움이다〔死苦〕
⑤ 미운 이와 만나는 것은 괴로움이다〔怨憎會苦〕
⑥ 사랑하는 이와 헤어지는 것은 괴로움이다〔愛別離苦〕
⑦ 구하는 것을 얻지 못함은 괴로움이다〔求不得苦〕
⑧ 번뇌가 치성하는 이 삶 자체가 괴로움이다〔五陰盛苦〕

이 여덟 가지 괴로움을 거부할 중생은 없습니다. 누구나가 이러한 고통을 받으며 살아야 합니다. 중생이라면 피할 수도 거부할 수도 없는 8고八苦 …. 이제 그 하나하나를 살펴봅시다.

① **생고**生苦 : 어머니의 태胎속이나 태어날 때를 기억하지 못하는 우리들은 '태어나는 것이 괴롭다'는 말을 잘 이해하지 못합니다. 그러나 기억을 하지 못할 뿐, 태어나기까지 몸과 마음으로 숱한 괴로움을 받게 됩니다. 어머니의 몸 속에서 뿐 아니라, 태어나는 순간의 '자칫 잘못하면 죽게 된다'는 그 절박한 느낌만으로도 태어남의 고통은 충분히 설명될 수 있을 것입니다.

② **노고**老苦 : 늙는다는 것! 머리털이 희어지고 이가 빠지고 얼굴에 주름이 깊어지고 등이 굽으며, 기력이 날로 쇠약해지고 몸이 점점 무거워져서 앉으면 허리가 아프고 다닐 때는 지팡이를 의지하게 되며, 눈·귀·코·혀 등의 감각기관도 차츰 제 기능을 못하게 됩니다.
우리는 순간순간 늙어갑니다. 보통 때는 늙음을 감지하지 못하지만, 어느 순간에 '늙었다'는 것을 깨달

게 됩니다. 늙음은 결코 바라는 바가 아닙니다. '늙는다' 는 것을 받아들일 수는 있지만, 늙음을 즐거워하는 이가 어디에 있겠습니까?

③ **병고**病苦 : 건강할 때는 병고를 잊고 살지만, 병이 들었을 때의 괴로움은 누구나 쉽게 긍정을 합니다. 사소한 감기 몸살에서부터 각종 난치병에 이르기까지, 병이 주는 육체적 정신적인 고통은 매우 다양합니다. 때로는 병으로 인한 괴로움이 싫어 '죽었으면' 하는 이들까지 있습니다.

④ **사고**死苦 : 죽음의 막다른 골목에 이르러 몸이 무너지고 숨이 끊어지려할 때 고통을 받는 것은 말할 것도 없고, '죽는다' 는 생각만으로도 불안해지고 절망하고 비탄에 빠지고 공포를 느끼는 존재가 중생입니다. 이 죽음에 대한 괴로움을 넘어서면 늙음이나 병듦의 고통도 쉽게 극복할 수 있을 것입니다.

⑤ **원증회고**怨憎會苦 : '나' 의 마음에 맞지 않는 사람도 만나기 싫은 것이 일반적인 심리인데, 서로 반

목하고 해치고 피해를 입히고 원한을 품었던 미운 사람이나 원수와 만나는 것은 참으로 고통스러운 일입니다.

어느 누구도 분노와 불안감을 안겨주는 존재와는 만나고 싶어하지 않습니다. 왜? '나'를 분노로 불태우고 내가 불안감에 휩싸이는 자체가 참을 수 없는 고통이기 때문입니다. 그런데도 미운 사람, 상처를 준 사람, 원결이 맺힌 사람과 다시 만나게 되는 것이 인간세상이니….

⑥ 애별리고愛別離苦 : '사랑은 눈물의 씨앗'이라는 유행가가 있습니다. 동물·식물·무정물無情物까지도 내가 아끼고 사랑하였으면 떠나감이 슬픈 법인데, 사랑하는 부모·형제·배우자·자식·애인·친구·스승과의 이별은 큰 괴로움으로 다가오기 마련입니다. 더욱이 죽음을 사이에 두고 갈라설 때에는 슬픔과 괴로움이 더욱 커집니다.

구부득고와 오음성고

⑦ **구부득고**求不得苦 : '구하는 것을 얻지 못한다〔求不得〕'는 것은 바라는 바대로 이루어지지 않음을 뜻합니다. 바라는 바가 이루어지지 않고 구하되 얻지 못하는 괴로움.

여기서의 구하는 바는 '돈을 구하는 데 얻지 못하여 괴롭다'거나, '옷·음식·집 등을 구하는 데 뜻대로 되지 않아 괴롭다'는 등의 물질적인 구함만을 뜻하는 것이 아닙니다. 8고八苦, 그리고 '나'의 모든 고통이 이 구부득고로 모아집니다.

모든 괴로움은 구하는 대로, 바라는 대로 이루어지지 않기 때문에 생겨나는 것입니다. 극단적으로 생각을 해봅시다.

늙는 것을 원하는 이라면 늙음이 괴롭지 않고, 빨리 죽기를 원했다면 눈앞에 다가선 죽음을 기쁘게 맞이할 수도 있을 것입니다. 원수와 만나기를 희구했다면 원수와의 만남이 싫을 리 없고, 사랑하는 사람과 빨리 헤어지고 싶었다면 서로의 이별이 어찌 괴로움일 수 있겠습니까?

그런데 참으로 묘한 것이 인생입니다. 상식적인 생각을 하건 극단적인 생각을 하건, '나'의 생각대로, 바라는 바대로 전개되지 않는 것이 인생입니다. 실로 내가 낳고 기른 '나'의 자식도 마음대로 하지 못하고, 나의 몸과 생각까지도 내 뜻대로 하지 못합니다.

태어나지 않기를 바랄지라도 업業을 따라 태어나고, 늙음과 병듦과 죽음을 원치 않아도 육체를 가지고 태어났기에 어쩔 수 없습니다. 또 사는 동안에 부귀와 영화와 명예와 향락을 구하고, 근심·걱정·슬픔·재난이 없기를 바라지만, 구하고 바라는 대로 이루어지는 것이 과연 얼마나 되겠습니까?

구부득고求不得苦! 잘 기억하십시오. 모든 괴로움의 가장 근본이 되는 것은 이 구부득고입니다. 불교의 해탈법 중에 '무소구행(無所求行 : 구하는 바 없는 행)'이 있는데, 이는 구부득고를 반전시켜 해탈을 얻게 하는 방법입니다.

정녕 이 구부득고를 잘 파악하면, 고성제뿐만 아니라 사성제 모두를 빨리 체득할 수 있습니다. 구부득고를 깊이 관찰하면 할수록 해탈이 빨라집니다. 부디 스스로의 삶 속에 깔려 있는 '구부득의 괴로움'을 깊이 되돌아 보고 큰 행복을 누릴 수 있게 되기를 바랍니다.

⑧ **오음성고**五陰盛苦 : 사람들은 '8고 중에서 가장 이해하기 어려운 것이 오음성고'라고 합니다. 우선은 오음五陰이 무엇인지를 잘 모르고, 오음성五陰盛의 뜻을 정확하게 파악하지 못하고 있기 때문입니다. 먼저 **오음**이 무엇인지를 살펴봅시다.

'오온五蘊'이라는 단어로 불자들에게 더 잘 알려져 있는 오음五陰은 인간의 존재 및 사고 활동과 관련된 색色·수受·상想·행行·식識의 다섯 가지 요소를 가리킵니다.

오음의 첫 번째인 색色은 물질입니다. 우리의 몸이 물질이요, 집·땅, 나아가서는 이 우주 전체가 물질입니다. 곧 우리의 육체는 물론이요, 눈·귀·코·혀·몸 등으로 볼 수 있고 들을 수 있고 냄새 맡을 수 있고 맛볼 수 있고 감촉을 느낄 수 있는 것은 모두가 색인 것입니다.

두 번째의 수受는, 물질과 물질의 부딪힘입니다. 곧

색과 색의 부딪힘이 수입니다. 눈으로 무엇을 보고, 귀로 어떤 소리를 듣고, 코로 냄새를 맡고, 혓바닥에 무슨 맛이 딱 느껴지고, 몸으로 감촉을 받아들이는 것, 이것이 수입니다. 곧 우리의 감각기관에 어떤 반응이 오는 것이 수입니다.

이렇게 색과 색의 부딪힘 다음에는 좋다〔好〕·싫다〔惡〕·무감각하다〔平等〕 등의 감정이 일어나는데, 이것이 바로 상想입니다. 눈으로 무엇을 볼 때 '아, 예쁘다'·'에구, 보기 싫어' 또는 아무리 쳐다보아도 무감각하게 보는 경우 등이 모두 상입니다. 혓바닥에 음식이 닿을 때 '아, 맛있다'·'역겨워'·'별 맛 없네' 등을 생각하는 것도 모두 상입니다.

행行은 상에 반응하여 나타나는 행위입니다. 좋다·싫다는 감정의 기준은 '나'에게서 출발합니다. '나'에게 맞으면 좋고 나에게 맞지 않으면 싫어합니다. 그리고 좋으면 취하고자 하며, 싫으면 기피하고 성을 내게 됩니다. 곧 탐욕과 진심瞋心이 일어나게 되는 것입니다. 이 탐욕과 진심을 좇아 반응하는 결심이나 실천이 바로 행입니다.

이 수·상·행의 세 가지를 예를 들면서 다시 한 번

정리해 봅시다.

누군가와 마주앉아 대화를 나눈다고 합시다. 나는 그 사람의 모습과 행동을 보고, 말하는 것을 듣습니다. 이렇게 보고 듣는 것이 수受입니다.

이 수가 이루어지는 바로 그때, 내 속에서는 느낌이 일어납니다.

'아, 참 괜찮은 사람이구나', '버릇이 없군. 별로야.'
이렇게 좋고 싫은 생각을 이어가는 것이 상想입니다.

물론 이렇게 생각만 하다가 끝낼 수도 있겠지만, 생각이 더욱 강해지면 괴롭다거나 즐겁다는 감정에 빠지게 되고 그 감정을 밖으로 표출시키기도 합니다.

'저 사람과 깊이 사귀어 보았으면 ….' "우리 같이 일해 봅시다." '안 되겠어. 거래를 말아야지.' "그만 이야기하시오. 듣기 싫소."
이와 같이 구체화된 생각 또는 외부로 표출되는 말과 행동이 행行입니다.

그리고 이러한 수 → 상 → 행의 과정을 거치고 나면 마음속에 어떠한 일이나 사람에 대한 관념과 인식 능력이 자리를 잡게 되는데, 그것이 오음의 마지막인 식識인 것입니다.

색·수·상·행·식으로 이어지는 오음의 흐름! 이 오음의 흐름은 감각기관과 대상의 부딪힘 속에서 꼬리를 물고 일어납니다. 그리고 사람들은 고유한 실체 없이 흘러가는 이 오음의 현상에 마음을 내맡겨 벗어나지를 못합니다. 그래서 갖가지 번뇌망상에 사로잡히고, 실체가 없는 번뇌망상에 사로잡히면 그 결과는 괴로움뿐입니다.

오음성고五陰盛苦! '오음이 치성하다〔五陰盛〕'는 것은 번뇌망상이 치성하다는 것이요, 번뇌망상이 치성하는 삶만큼 괴로운 인생살이도 드뭅니다.

그러므로 고유한 실체가 없는 오음의 흐름 따라 흘러내려가는 상태에서 벗어나고자 해야 합니다. 그렇지 않으면 우울증 환자처럼 번뇌망상 속으로 더욱 깊이 빠져 괴로움의 바다에 깊이 잠기게 되는 것입니다.

특히 마음속의 번뇌와 망상이 깊어지면 참으로 무서운 결과를 낳게 됩니다. 물에 뜬 거품 같은 망상이 금생의 삶만이 아니라 내생까지도 바꾸어 놓기 때문입니다.

『반야심경』에서는 설하고 있습니다.

오온이 공함을 비추어 봄으로써
일체의 괴로움과 액난에서 벗어났느니라
照見五蘊皆空 度一切苦厄 조견오온개공 도일체고액

이는 치성하는 오음, 번뇌망상을 잘 다스리면 일체 고액을 벗어날 수 있다는 가르침입니다. 실로 색·수·상·행·식, 이 오음의 테두리에서 일어난 일은 모두가 허망할 뿐이며, '나'의 헛된 번뇌망상에 사로잡혀 사는 이상에는 괴로움밖에 가질 것이 없음을 나타낸 단어가 '오음성고'입니다.

오음이 치성하면 괴롭습니다. 번뇌망상 따라 흘러가면 불행이 커지고, 앞의 일곱 가지 괴로움도 더욱 커지게 됩니다.

이제 이 오음성고의 참 뜻을 생기하면서 흘러가는 생각을 멈추고 마음을 거두어 잡으십시오. 분주히 잡스러운 생각 따라 흘러가지 말고, 중심을 잡고 원(願)을 세워 노력하면 원성취와 행복이 스스로 다가서게 됩니다. 이를 잘 명심하여 기도·참선·염불 등을 통하여 오음의 치성함을 차단하는 불자가 되고자 노력해야 할 것입니다.

부처님의 사문유관四門遊觀과 고성제

이제 부처님의 '사문유관'을 함께 음미하면서 고성제의 참뜻을 다시 한 번 조명해 보도록 합시다.

❀

부처님께서 출가하시기 전인 29세 때의 어느 날, 싯달타태자는 성밖으로 꽃구경을 가기 위해 시종에게 마차를 준비하도록 지시하였습니다. 이를 전해들은 부왕은 신하들에게 분부하여 동산을 말끔히 청소하게 했음은 물론, 태자가 지나갈 길목마다 향수와 꽃을 뿌리게 했습니다.

그런데 태자가 성의 동쪽 문으로 마차를 타고 나가자, 지팡이에 의지하여 간신히 걸어가는 노인의 모습이 보였습니다. 머리카락은 하얗고 몸은 여윌대로 여위어 가죽과 뼈가 붙었으며, 이빨은 죄다 빠진 데다 지적지적 눈물과 콧물을 흘리며 숨을 헐떡이고 있었습니다.

"저 사람은 누구인가? 어째서 저런 모습을 하고 있는가?"

마부는 태자의 진지한 물음에 압도되어 사실대로 대답할 수밖에 없었습니다.

"저 사람은 노인老人입니다."

"노인이라니?"

"노인은 늙은 사람입니다. 저희처럼 젊은 사람도 나이가 들면 차츰 기운이 빠져서 쇠약해지고 몸 놀리기가 괴로워집니다. 그리고 저 사람처럼 되면 살 날이 얼마 남지 않게 됩니다."

"저 사람만 늙은 것인가, 누구나 다 저렇게 되는가?"

"누구든지 저렇게 늙고 맙니다."

"나도 저렇게 된단 말인가?"

"태어난 자는 귀하고 천함의 구별없이 누구나 늙음의 괴로움에서 벗어날 수 없습니다."

인생에 대한 형용할 수 없는 허무감이 새삼 태자의 가슴속을 맴돌았습니다.

"돌아가자."

왕궁으로 돌아온 태자는 깊은 명상에 빠져들었습니다.

'어리석은 사람들은 자기도 노인이 되고 늙음을 피

할 수 없는 데도 자신을 돌아보려 하지 않는다. 오직 남의 늙은 모습 보기를 싫어할 뿐이다. 하지만 나 자신도 늙는다는 사실을 안다면 어찌 남의 늙은 것을 보고 싫어할 수 있으랴. 지금 젊고 앞길이 창창하다고 하여 뽐내는 사람은 반드시 자멸하게 된다. 과연 이 늙음의 괴로움〔老苦〕을 면할 방법은 없는가?'

며칠 후 태자는 다시 명랑해졌고, 또 소풍을 나갔습니다. 그러나 남문으로 마차를 타고 나가기 바쁘게 병에 걸려 신음하는 사람을 만났습니다. 거무죽죽한 얼굴에 배는 북통처럼 부어오르고 톱질하는 것 같은 숨소리를 토하는 그는 자신이 토해낸 오물 위에 쓰러져 목메인 소리로 외쳤습니다.

"나를 좀 일으켜 주오."
"저 사람은 왜 저렇게 고통스러워 하는가?"
"사람이 늙고 병들면 다 저렇게 됩니다."

태자는 주체할 수 없는 슬픔을 느끼며 왕궁으로 돌아왔습니다.

'사람은 누구나 병에 걸리고 병을 피할 수 없다. 그렇지만 건강한 사람들은 영원히 병에 걸리지 않을 것처럼 행동하면서 병든 사람을 멀리한다. 어찌 자신에게 다가올 일을 돌이켜 보지 않을 것인가? 지금 병에 걸리지 않았다고 하여 뽐내는 사람은 반드시 병으로 자멸하고야 만다. 과연 이 병으로 인한 괴로움〔病苦〕으로부터 벗어날 길은 없는가?'

태자는 며칠 동안 병고病苦에 대해 명상하다가 다시 성의 서쪽 문을 통해 놀이동산으로 향했습니다. 그런데 이번에는 한 시체를 상여 위에 싣고 네 사람이 메고 가는 모습이 보였습니다. 아울러 처자식과 친척이 그 뒤를 따르면서 가슴을 치고 울부짖는 모습, 흐트러진 옷차림으로 땅바닥을 뒹굴면서 처참하게 우는 모습도 보였습니다. 놀란 태자는 마부에게 물었습니다.
"도대체 이것이 무엇인가?"
"죽은 사람의 장례 행렬입니다."
"죽음이란 어떠한 것인가?"
"죽음이란 혼이 육체를 떠나 생명의 움직임이 사라지는 것입니다. 이렇게 되면 사랑하던 부모·형제·처자, 그리고 그 밖의 모든 사람들과도 영원히 만날 수 없게 됩니다. 죽음이란 이와 같이 아주 슬픈 일입니다."

"사람은 누구나 다 죽기 마련인가?"

"예, 태어난 이는 누구 할 것 없이 모두 죽기 마련입니다. 죽음은 빈천한 사람, 부귀한 사람, 총명한 사람, 어리석은 사람을 가리지 않습니다. 모두가 숨이 끊어지면 죽고 마는 것입니다."

큰 충격 속에서 태자는 마차를 돌려 왕궁으로 돌아왔습니다. 그리고 7일 동안 명상에 잠겼습니다.

"어리석은 사람들은 '지금 병에 걸려 있지 않으니까, 기운이 있으니까, 젊고 앞 길이 창창하니까'라고 하면서 제멋대로 뽐내고 욕망에 맡겨 생활한다. 그리고 갖가지 어리석은 짓을 하면서 해탈의 도를 구하려 하지 않는다. 하지만 죽음은 필연적인 것이다. 세상에 이와 같은 죽음이 존재하는 이상 어물어물 지낼 수는 없다."

네 번째로 태자는 성의 북쪽 문으로 나가 소풍길에 올랐습니다. 그런데 이번에는 앞의 세 모습과는 전혀 다른 출가사문出家沙門의 거룩한 모습이 보였습니다.

머리와 수염을 깨끗이 깍은 그는 오른손에 긴 지팡이를, 왼손에 바리때를 쥐고 걸림없는 자세로 당당하게 걸어가고 있었습니다. 그를 보는 순간 태자는 깊은 존경심과 함께 설레이는 마음을 주체하지 못하고 마차에서 내려 공손히 인사를 드린 다음 물었습니다.
　"당신은 누구입니까?"
　"나는 출가한 시문입니다."
　"출가를 하면 어떤 이로움이 있습니까?"
　"나는 일찍이 집에 있을 때 생·노·병·사生老病死에 대한 것을 직접 겪어보고 모든 것이 덧없음을 알았습니다. 그래서 친족을 떠나 쓸쓸하고 고요한 곳에서 수행을 쌓아 이 괴로움을 초월할 수 있도록 힘써 왔습니다. 내가 수행하고 있는 것은 맑고도 온전한 깨달음을 위한 것입니다. 나는 바른 법을 실천하고 관능을 이기고 큰 자비를 일으켜 사람들에게 편안함을 안겨줍니다. 생각과 행동이 조화되어 중생을 보호하고, 세간의 더러움에 물들지 않으며, 영원히 해탈할 수 있는 법. 이것이 출가의 법입니다."
　그 순간 태자는 말할 수 없는 기쁨을 느꼈습니다.
　'이 길이야말로 내가 찾던 길이다. 더 이상 망설일

것 없다. 이제 이 길을 걷도록 하자.'

§

이상과 같이 싯달타태자께서 동·서·남·북 4문四門을 통해 놀러〔遊〕 나갔다가 네 가지 모습을 보고〔觀〕 인생의 진리를 깨닫게 된 것을 '사문유관四門遊觀'이라고 합니다. 그런데 어떤 사람은 이 이야기를 읽고 의심을 일으킬 것입니다.

'도대체 싯달타태자는 어떻게 살았기에 29세의 나이가 되도록 인간이 늙고 병들고 죽는 일도 모르고 살았다는 말인가?'

그렇습니다. 아무리 왕궁 속에서 부왕의 단속 아래 살았다 할지라도, 29세가 되도록 가장 기본적인 고통조차 몰랐다는 것은 이해가 될 수 없습니다.

하지만 태자의 인간적인 고뇌, 곧 싯달타태자가 철이 든 이래로 깊이 사색하고 체득한 인생공부의 핵심을 사문유관이라는 극적인 장면으로 정리하였다는 것을 읽을 수 있어야 합니다.

정녕 우리는 싯달타태자의 사문유관이 던져주는 참된 의미를 새길 줄 알아야 합니다. 그것이 무엇인가? 바로 '인생의 고苦'라는 것을 확실히 깨달을 때 행복과 진리의 세계로 나아가는 길이 확실히 보이게 된다는 것입니다.

실로 불교공부를 제대로 하고자 하는 불자라면 무엇보다 먼저 우리의 삶이 어떠한가를 정확히 깨달아야 합니다. 현재의 삶이 어떠하다는 것을 확실히 깨달을 때, 어떠한 경우에도 흔들림이 없는 '가장 높고 온전한 깨달음(無上菩提)'을 이루겠다는 마음을 발할 수 있는 것입니다.

고성제苦聖諦! '인생이 고(苦)'라는 이 첫 단계의 깨달음. 이것만 온전히 깨달아도 진정한 깨달음의 길 위에 올라선 사람이라고 감히 단언할 수 있습니다. 고통에 대한 자각, 이것이야말로 무상정각無上正覺의 제일보이기 때문입니다.

인생이 괴롭다고 슬퍼할 일이 아닙니다. 괴롭다고 포기할 것도 아닙니다. 뒤집어 보면 괴롭다고 생각하는 것 자체가 '깨달아 가는 길'입니다. 이를 잘 새겨, 사성제의 출발인 고성제를 꼭 '나'의 깨달음으로 만들기 바랍니다.

고집성제

괴로움의 원인은 무엇인가

 고성제는 '인생이 괴롭다', '병들고 죽는 것을 비롯한 여덟 가지 괴로움을 피할 길은 없다'는 것을 깨달으라는 가르침이요, 고집성제(苦集聖諦 : 줄여서 집성제 또는 집제라고도 함)는 '왜 인생이 고통스럽게 되었는가', '괴로움의 원인이 무엇인가'를 깨닫게 하는 가르침입니다.
 부처님께서 '괴로움의 원인이 무엇인가를 깨닫는' 고집성제를 사성제의 두 번째 자리에 둔 까닭은 괴로움의 원인을 차단하여 괴로움을 끊게 하기 위함이었습니다. 곧 어떠한 괴로움이 있는 인생살이인지를 깨달았으면, 그 괴로움이 '어떻게 해서 모여 들었고 일어났는지〔集起〕'를 깨달아야 인생의 참된 행복을 누릴 수 있게 되기 때문에 고성제 다음으로 고집성제를 설하신 것입니다.

그럼 부처님께서 설하신 고집苦集, 곧 괴로움을 일어나게 하고 모여들게 하는 원인은 무엇인가? 여러 경전의 내용을 종합해보면 크게 두 가닥이 있음을 알게 됩니다.

① 갈애渴愛와 탐貪 · 진瞋 · 치癡 삼독심三毒心
② 무명 → 행 → 식 → 명색 → 육입 → 촉 → 수 → 애 → 취 → 유 → 생 → 노사로 유전流轉하는 십이인연十二因緣

이 중 십이인연의 법은 그 내용을 이해하기 어렵고, 인연법에 관한 별도의 책에서 논할 것이므로, 여기에서는 갈애와 삼독심에 대해서만 살펴보겠습니다.

갈애渴愛! 갈애는 적당한 사랑이 아닙니다. '목마르게 사랑하는 것'입니다. 무엇을 목마르게 사랑하는가? '나'를 애타게 사랑하는 것입니다.

 일반적으로 '사랑한다'고 하면 남을 사랑하고 상대의 사랑을 애타게 구하는 것처럼 생각을 합니다. 그러나 냉정히 돌아보면 애타게 사랑하는 그것은 남이 아니라 '나의 사랑'입니다. 나의 사랑, 결국은 나에 대한 사랑을 애타게 구하고 있는 것입니다.

 애타는 '나'에 대한 사랑, 나를 목이 타도록 사랑하기 때문에, 우리는 '나'에게 맞으면 탐욕의 불길을 일으키고, '나'의 뜻대로 되지 않으면 분노의 불길을 일으키며, 탐욕과 분노심으로 갖가지 어리석은 행동을 저질러 '나'를 불태워버립니다.

 곧 '나'에 대한 애타는 사랑인 갈애가 탐·진·치의 세 가지 독(三毒)을 뿜어내고, 그 삼독이 우리를 괴로움의 세계에 갇혀 살도록 만들어버리는 것입니다.

 그렇다고 '나'를 사랑하지 말라는 것은 아닙니다. 갈애를 말라는 것입니다. 갈애는 단순한 사랑이 아닙니다. 목이 타는 사랑입니다. 목이 타는 사람이 물을 구하듯 애타게 사랑한다는 뜻입니다.

 갈애는 평화로운 사랑, 잔잔한 기쁨의 사랑이 아닌 격렬한 사랑의 갈구입니다. 격렬한 사랑의 갈구는 곧

바로 탐욕이라는 지나친 욕망을 불러일으키고, 그 탐욕으로 갖가지 괴로움의 업을 짓게 되는 것입니다.

실로 부처님께서는 사성제를 설하면서 '탐욕貪欲'이나 '탐심'이라는 단어를 사용하셨을 뿐, 어디에도 '욕망'이라는 단어는 쓰지 않으셨습니다. 왜 입니까? 욕망 그 자체가 나쁜 것이 아니기 때문입니다.

인간이 갖는 욕망 그 자체는 선善과 악惡에 속하는 것이 아닙니다. 부처님의 가르침에 의하면 욕망 자체는 선악을 가리기 이전의 상태인 무기無記일 뿐이며, 그것이 지나칠 때 악업으로 이어지는 것입니다.

더욱이 세상을 살아감에 있어서는 어느 정도의 욕망이 있어야 합니다. 그래서 부처님께서는 어느 정도의 욕망은 문제로 삼지 않았습니다. 한 예로써 식욕食欲을 들어봅시다.

생명 있는 모든 존재는 식욕이라는 본능을 지니고 있고, 우리가 음식을 먹는 것은 그 욕망 때문입니다. 그리고 적당히 먹음으로써 심신을 유지해 가는 일은 꼭 필요하면서도 바람직한 일임에 틀림이 없습니다. 그런데 식욕을 부정하여 거의 먹지 않는다면 어떻게 되겠습니까? 부처님께서 고행을 포기하고 중도中道

를 제창하신 까닭이 여기에 있지 않습니까?

　오히려 적당한 욕망은 향상의 원願을 발할 수 있게 하고 정진하는 삶을 이끌어내기도 하기 때문에 문제가 될 것이 없습니다. 문제로 삼는 것은 지나친 욕심인 탐욕입니다. 이 세상 근심걱정의 기본이 되는 '사람과 돈'에 대한 욕망이 적당할 때는 오히려 그 욕망이 삶을 활기차게 만들지만, '사람과 돈'에 대한 욕망이 지나치면 반드시 '사람과 돈' 때문에 고통을 받게 됩니다.

　지나친 욕심인 탐욕! 부처님께서는 사촌동생이요 아나율존자의 형인 마하남摩訶南왕에게 말했습니다.

　마하남이여, 탐욕은 어디를 가도 만족할 줄 모른다. 그 자체는 고통으로 가득차 있어 사람을 절망으로 이끌고 무서운 재앙을 불러들인다. 비록 바른 지혜로써 탐욕의 고통과 재앙을 알지라도, 탐욕 밖의 어떤 행복에 이르지 못하면 탐욕에 쫓기는 일을 면할 수 없다. 탐욕의 고통과 재앙을 바로 아는 것과 동시에 탐욕 밖의 어떤 행복에 이르러야만 탐욕의 구박을 면할 수 있느니라.

탐욕은 만족할 줄 모른다

실로 그렇습니다. 탐욕은 만족을 모릅니다. 부자가 되기 위해 갖은 고행과 노력을 해보아도 부자가 되는 사람은 극히 드뭅니다. 바라던 부자가 되고 나면 그 부富를 지키기 위해 근심걱정을 하고 뜻하지 않은 고통도 받습니다. 한 생의 고통이 모두 탐욕 때문에 생겨나는 것인데도, 대부분의 사람은 탐욕의 마음을 놓아버리려 하지 않습니다.

아프리카 원주민들은 특이한 방법으로 원숭이를 잡습니다. 원주민들은 코코넛 열매의 속을 파내고, 그 속에 원숭이가 좋아하는 밤이나 땅콩 등을 넣어 해질 무렵 튼튼한 나뭇가지에 매달아 놓습니다. 단, 아래의 구멍은 원숭이의 편 손이 들어갈 정도로만 뚫어 놓습니다.

밤이 되어 원숭이들이 먹을 것을 찾아다니다가 그 열매를 발견하면, 먹을 것을 꺼내기 위해 작은 구멍으로 손을 집어넣습니다. 밤과 땅콩을 한 주먹 움켜

쥔 원숭이! 그러나 아무리 손을 빼내려 해도 맨손으로 넣을 때는 쉽게 들어갔던 주먹이 쉽게 빠지지를 않습니다.

어느덧 아침이 밝아오지만 주먹이 빠지지 않아, 원숭이는 고스란히 원주민들에게 잡히고 맙니다.

§

이것이 원숭이의 탐심을 이용한 원주민의 사냥법입니다. 움켜쥔 먹을 것을 놓기만 하면 손이 빠질텐데, 그것을 놓지 못해 잡히고 마는 원숭이. 우리들 역시 탐욕에 눈이 어두워 스스로에게 수갑을 채우고 괴로움을 안겨주는 삶을 살아가는 것입니다.

이제 『증일아함경』에 수록된 탐·진·치 삼독심의 인연과 극복하는 방법에 대한 법문을 함께 음미해 봅시다.

탐욕의 죄는 더러움이 적지만 그것을 멀리 떠나기는 더디다. 성냄의 죄는 더러움이 크지만 그것을 멀리 떠나기는 빠르다. 어리석음의 죄는 더러움도 크고 그것을 멀리 떠나기도 더디다.

이제까지 생겨나지 않았던 탐욕이 생겨나고, 이미 생긴 탐욕이 더해 가는 것은 무슨 인연인가? 그것은 대상이 내 마음에 맞기 때문이다. 대상이 마음에 맞기 때문에 삿된 생각들을 내어 탐욕을 일으키고, 이미 생겨난 탐욕을 더해 가는 것이다.

이제까지 일어나지 않았던 분노가 일어나고, 일어난 분노가 더해 가는 것은 무슨 인연인가? 그것은 대상이 내 마음에 맞지 않기 때문이다. 대상이 마음에 맞지 않기 때문에 삿된 생각들을 내어 분노를 일으키고, 이미 생겨난 분노를 더해 가는 것이다.

이제까지 일어나지 않았던 어리석음이 일어나고, 일어난 어리석음이 더해 가는 것은 무슨 인연인가? 그것은 바르지 않은 생각 때문이다. 바르지 않은 생각으로 인하여 일어나지 않았던 어리석음이 일어나고 이미 일어난 어리석음이 더해 가는 것이다.

그러므로 마음에 맞는 대상에 대해 바르게 생각하고 마음에 맞지 않는 대상에 대해 바르게 생각하면서 '자비스런 마음'을 쌓아 가면, 탐욕과 분노는 생겨나지 않고, 설혹 생기더라도 곧 없어지느니라. 또한 이 바른 생각에 의해 어리석음이 일어나지 않고,

일어나더라도 곧 없어지느니라.

 참으로 소중하고 함축성 있는 가르침입니다.
 '나'에게 맞다·그르다, 내 마음에 든다·들지 않는다. 이것이 탐욕과 분노를 일으키고, 바르지 않은 생각 때문에 어리석음에 빠진다는 가르침.
 바르게 생각하면서 자비심慈悲心을 쌓을 때 탐욕과 분노와 어리석음이라는 세 가지 독[三毒]이 사라진다는 부처님의 가르침.
 이 가르침을 명백히 깨닫는 것이 고집성제苦集聖諦라는 것을 명심하고, 실체가 없는 탐貪·진瞋·치癡의 삼독심을 잘 다스려 삼독심이 만들어 내는 아귀·지옥·축생과 같은 삶에서 완전히 해탈하시기를 축원드립니다.

고멸성제 苦滅聖諦

고멸성제는 열반

사성제의 첫 번째인 고성제苦聖諦는 '생로병사를 비롯한 인생의 여덟 가지 괴로움을 피할 길 없다'는 것을 깨닫게 하는 가르침이요, 두 번째인 고집성제苦集聖諦는 '괴로움의 원인이 갈애와 탐貪·진瞋·치癡 삼독심'이라는 것을 깨닫게 하는 가르침인 데 반해, 세 번째의 고멸성제(苦滅聖諦 : 줄여서 멸성제 또는 멸제라고도 함)는 '괴로움이 완전히 사라진 자리'에 이를 것을 천명한 가르침입니다.

곧 고멸성제는 세간 속의 각종 괴로움(苦)과 그 괴로움의 원인(苦集)을 완전히 없애는 것입니다. 그래서 불교에서는 이 '멸滅'을 해탈解脫이라고 합니다. 또 타오르던 번뇌의 불길이 모두 꺼져 버렸다고 하여 열반涅槃·또는 적멸寂滅이라고도 합니다.

이 고멸성제는 부처님의 대발견입니다. 부처님께서는 6년 고행과 중도의 수행을 통하여 고를 멸하셨습니다. 괴로움의 원인이 되는 탐심과 분노심과 삿된 마음이 완전히 없어졌기 때문에, 다시 괴로움에 빠져드는 일이 없는 완전한 행복 그 자체가 되신 부처님께서는 천명하셨습니다.

괴로움은 반드시 벗어날 수 있는 것이고 벗어나야만 한다. 괴로움의 원인을 없애면 괴로움에서 벗어날 수 있고, 괴로움의 원인은 반드시 없앨 수 있다. 그 원인을 없애면 열반이요 대행복이지만, 그 원인을 없애지 못하면 미래의 세세생생토록 육도를 윤회하면서 괴롭게 살 수밖에 없다. 반드시 괴로움의 원인을 멸하여라[苦集滅]. 틀림없이 열반의 큰 행복이 그대와 함께하게 된다.

부처님은 당신께서 체득하신 이 열반의 경지를 모

든 중생이 체득하여 영원한 행복을 누리며 살도록 하기 위해 45년 동안 자비설법을 하셨고, 사성제의 하나로 '고멸성제'를 따로 설정하셨던 것입니다.

'괴로움이 멸한다는 것을 깨달아라'는 고멸성제의 가르침! 그런데 참으로 의미심장한 것은 '멸滅'이라는 표현을 쓴 것입니다. 고에 대해 낙을 '얻는다'거나 '찾는다', '증득한다'는 표현을 쓸 수도 있는데 '멸한다'고 하셨습니다. '멸하면 곧바로 영원한 평화와 행복의 상태가 된다'고 하신 것입니다.

무엇을 멸하는가? 갈애와 탐·진·치의 삼독심三毒心만 멸하면 상락아정常樂我淨, 곧 영원하고 행복하고 자재롭고 청정한 열반의 자리가 나타난다는 것입니다.

이 '멸滅'의 이론을 발전시켜 선종에서는 더욱 간략하게, '번뇌가 생하지 않는 것을 대열반[煩惱不生 名大涅槃]'이라고 합니다. 바꾸어 말하면 범부의 허망한 번뇌가 다하면 그 자리가 열반이라는 것입니다.

꼭두각시놀음과 고멸성제

이와 관련된 우리나라 전통 인형극 중에 꼭두각시놀음(중요무형문화재 제3호)이 있습니다.

❀

 꼭두각시놀음은 남사당패에 의해 많이 공연되었으며, 주인공의 이름을 따서 '박첨지朴僉知 놀음'·'홍동지洪同知 놀음'이라고도 합니다.
 전체가 8막으로 구성되어 있으며, 동네 한 복판의 빈터에 기둥을 네 개 세우고 장막을 칩니다. 그리고 장막 뒤에서 사람들이 인형을 조정합니다.
 여기서의 동네 빈터는 법계의 공空함을, 네 개의 기둥은 지地·수水·화火·풍風의 4대四大를, 장막은 우리가 사는 세상을 나타냅니다.
 인형들은 각기 다른 탈바가지를 뒤집어쓰고 장막 위로 모습을 나타내어 춤도 추고 노래를 부르는데, 실제로 그 인형들을 조정하는 것은 장막 뒤쪽에 숨어 있는 사람들입니다. 인형들이 입도 열고 춤도 추기 때문에 정작 인형들이 공연하는 것처럼 느껴지지만,

그 인형들을 움직이는 주인은 따로 있는 것입니다.

제1막이 시작되기에 앞서 부채 하나가 나타나 흔들흔들하며 지나갑니다. 이 부채의 바람이 무엇을 상징하는가? 바로 업業을 일으키는 근본바람인 무명풍無明風을 상징합니다. 무명풍이 이 업보의 세계를 만든다는 것입니다.

부채가 사라지고 나면 흰머리에 흰눈썹과 흰수염을 달고 흰옷을 입은 '박첨지'가 나와 긴 수염을 쓰다듬으며, "야, 오늘 사람들이 참 많이 모였다."고 합니다. 무명풍 속에서 주인공이 되는 '나' 박첨지가 태어난 것입니다.

그리고 박첨지의 흰 색은 아직 때묻지 않은 상태를 나타내며, 오늘 참 많이도 모인 그 사람들은 모두가 박첨지 자신처럼 '부모의 탈비기기를 쓴 꼭두각시'라는 뜻을 담고 있습니다.

여기까지가 참 법문이지만 사람들은 알아차리지 못하고, 구체적인 놀음극에 빠져들어 갑니다.

제1막이 시작되면 박첨지가 장막 뒤에서 인형과 대화를 하는 '산받이'와 팔도강산을 유람하다가 남사당패의 놀이판에 끼어들었던 이야기를 주고받으며 자기 소개를 합니다. 드디어 중생세계의 놀음판에 뛰어든 것입니다.

제2막부터 제7막까지는 위선·재앙·부정·욕정·권력의 횡포가 판치는 험난한 세상살이를 풍자하고 있습니다.

제2막은 마을 뒷절의 승려가 박첨지의 질녀와 놀아나는 것을 보고 노한 박첨지가 조카인 '홍동지'를 불러 승려를 내쫓는 내용이요, 제3막은 박첨지가 사돈인 '최영로崔永老'의 집에 가서 새를 쫓고 있는데, 이무기가 나타나 그를 잡아먹을 찰나에 홍동지가 와서 구해주는 내용입니다.

제4막에서는 눈을 굳게 감은 '동방노인'이 등장합니다. 그는 눈을 감고 나타난 이유가 '세상이 부정不淨한 때문'이라고 하면서, 어지러운 세상에 대해 신랄하게 풍자합니다.

제5막의 주인공은 '표생원表生員'과 '꼭두각시'입니다. 표생원은 오랫동안 헤어져 있었던 본처 꼭두각시를 만났건만, 잘해줄 생각은 하지도 않고 첩인 '돌머리집'을 상면시킵니다.

마침내 꼭두각시와 돌머리집의 싸움이 벌어지고,

표생원이 살림을 나누어 준다면서 첩에게만 후하게 주자, 꼭두각시는 금강산으로 출가를 하겠다며 퇴장을 합니다.

　제6막은 새로 부임해 온 평양감사가 민정은 살피지 않고 매사냥부터 하는 내용이요, 제7막은 모친상을 당한 평양감사가 어머니의 상여가 나가건만 오히려 좋아하며, 그 상여의 향두꾼으로 발가벗은 홍동지를 불러 상여를 메게 하는 내용입니다. 이 제7막은 죽으면 자식도 소용이 없다는 것과, 발가벗은 홍동지처럼 모든 것을 남겨두고 발가벗은 채로 간다는 것을 풍자하고 있습니다.

　이 인형극에서 가장 불교적인 것은 제8막입니다. 감사의 어머니 장례식 후 박첨지가 나와, '명당에 절을 짓겠다'고 알리면 승려 두 사람이 나와 절을 짓습니다.

　　에루 화산에 절을 지어 뚝딱
　　에루 화산에 절을 지어 뚝딱

　노래를 부르며 뚝딱뚝딱 하면 절이 순식간에 완성

되고, 법상法床을 차리면 법사가 올라앉아 주장자로 법상을 내리친 다음 법문을 합니다.

오직 범부의 생각만 비우거라
성인의 아는 바가 따로 없느니라
　　但盡凡情　　단진범정
　　別無聖解　　별무성해

　이 한 마디 법문을 끝내고 다시 한 번 주장자로 법상을 친 다음 법사가 내려오면, 곧바로 절을 지었던 두 승려가 절을 허물어버립니다. 그리고 등장인물과 동물 등이 모두 나와 춤을 추고 노래하며 한바탕 신나게 놉니다.
　놀이가 절정에 다다랐을 무렵, 발가벗은 홍동지가 제 키보다 더 큰 성기를 어깨에 걸치고 등장을 합니다. 홍동지는 그 큰 성기로 춤추고 노래하는 이들을 사정없이 쳐버립니다. 첨지를 치면 첨지가 없어지고, 여자를 치면 여자가 없어지며, 감사를 때리면 감사가, 법사를 때리면 법사가 사라집니다. 이무기도 매도 꿩도 모조리 다 때려서 없애는데, 성기로 때려 모든 것을 없애는 것을 보고 구경하는 사람들은 신이 나서 야단입니다.

성기에 맞아 모든 것이 다 없어진 빈 무대. 이것으로 꼭두각시놀음은 끝을 맺습니다.

§

이 꼭두각시놀음에서 관중들의 눈에 보이는 인형들을 움직이게 하는 것은 장막 뒤에 있는 속사람의 역할입니다. 속사람이 인형을 밀고 당겨 살아 있는 것처럼 만드는 것입니다. 인형들이 춤추고 노래하고 움직이고 말을 하는 것이 아니라, 장막 뒤에 속사람이 하는 것입니다.

우리에게 있어 속사람은 누구입니까? 바로 우리의 주인공입니다. 오고 가고 앉고 서고 보고 듣고 느끼고 깨닫는 것이 모두 속사람의 하는 일입니다. 그런데도 우리는 꼭두각시놀음을 구경하듯이 살아갑니다. 인형을 움직이는 장막 뒤의 사람에게는 조그마한 관심도 주지 않고, 인형들의 움직임에만 집착하여 울고 웃고 노하고 즐깁니다.

이렇게 주인공을 잊고 겉모습인 물질과 사람에 집

착하며 사는데, 어찌 가슴이 답답하지 않을 것이며 머리가 아프지 않겠습니까? 어떻게 탐·진·치의 굴레를 벗어날 수 있겠습니까? 이와 같은 중생의 삶은 꼭두각시놀음과 다를 바가 없으며, 바로 이것을 깨우쳐 주기 위해 마지막 제8장을 극적으로 처리한 것입니다.

법사는 낙성법회落成法會에서 법문을 합니다.

"다만 범부의 생각만 비우거라. 성인의 아는 바가 따로 없느니라."

이 법문이 바로 고멸성제苦滅聖諦요 열반의 정의입니다. 열반락이 따로 있고 부처님의 세계에 이르러야만 열반을 얻을 수 있는 것이 아니라, 범부의 생각, 범부의 갈애와 집착 때문에 열반락涅槃樂이 나타나지 않는다는 것입니다.

참으로 열반락을 얻는 비결은 범부의 생각인 번뇌를 비우는 데 있습니다. 꼭두각시와 같이 실체가 없는 번뇌를 멸하는 것! 그것이 고멸성제요 열반인 것입니다.

이제 우리는 번뇌를 다스리는 법방망이를 얻어야 합니다. 홍동지의 성기와 같이 모든 번뇌를 쳐부수고, 인생의 근본문제를 해결할 수 있는 법방망이를 얻어야 합니다. 그 법방망이는 이론이 아닙니다. 실천입니다.

그럼 그 실천의 길이 무엇인가? 사람의 근기根機가 각양각색이기에 그 길 또한 여러 갈래이겠지만, 큰 틀로 이야기하면 사성제의 마지막인 고멸도성제! 곧 팔정도가 그것입니다.

고멸성제인 열반의 뜻을 보다 상세히 알고 싶으신 분은 불교교리총서 『삼법인·중도』의 '열반적정'을 참조하시기를 당부드리며, 고멸성제의 인因이 되는 고멸도성제를 이야기 한 다음, 고멸도성제의 구체적인 내용인 팔정도에 대해 장을 달리하여 살펴보고자 합니다.

고멸도성제 苦滅道聖諦

고멸도성제는 팔정도

사성제의 마지막인 고멸도성제苦滅道聖諦는 '고를 멸하는 길이 이것임을 깨닫고 실천하라'는 가르침으로, 불교의 기본수행법이요 가장 중요한 수행법인 팔정도八正道로 모아집니다. 먼저 여덟 가지 바른 길인 팔정도를 열거하겠습니다.

① 정견正見 : 바로 보라
② 정사正思 : 바로 생각하라
③ 정어正語 : 바르게 말하라
④ 정업正業 : 바르게 행동하라

⑤ 정명正命 : 바르게 생활하라

⑥ 정정진正精進 : 바르게 정진하라

⑦ 정념正念 : 바른 신념을 가져라

⑧ 정정正定 : 바른 선정을 이루어라

이 여덟 가지 '정도正道'는 진리의 길이요 열반의 길입니다. 진리에 이르는 길이요 열반에 이르는 길이며, 이 바른 길로 나아가며 반드시 향상을 하게 되어 있습니다.

왜 그러한가? 팔정도의 '정正'이 바로 진리 자체이기 때문입니다. 바르면 그대로 진리와 계합하고 열반과 계합을 합니다. 따라서 팔정도를 잘 닦으면 누구나 진리를 체득하여 고멸성제苦滅聖諦라는 과보를 얻고 부처님이 될 수 있습니다.

그런데 우리 중생들에게 있어서는 '정正'이 문제입니다. 진리 그 자체인 '정正에 대한 자세'가 문제입니다. 100% 바르게 해야하건만, 적당히 하고자 하는 자세가 문제입니다.

우리가 체득해야 할 '진리' 그 자체를 놓고 이야기를 풀어 봅시다. 이 세상의 진리에 50% 짜리 진리가 있습니까? 70%의 진리, 90%의 진리가 있습니까? 진리는 99%의 진리도 없습니다. 참으로 부처님께서 증득하신 바의 진리는 100%일 뿐입니다.

그럼 100% 순수한 진리를 체득하기 위해서는 몇 %짜리 정도正道를 실천해야 합니까? 당연히 100%짜리 정도를 닦아야 합니다. 100% 바르게 실천하면 '나'는 그냥 그대로 진리의 세계, 열반의 세계에 이르게 됩니다.

100% 올바르게! 물론 어렵기 그지없습니다. '100%로 올바르게 사느니 그냥 대충 살겠다'고 할 수도 있습니다. 그러나 지금 당장 100% 올바르지 않아도 됩니다. 지금은 비록 10%에 불과할지라도, 차츰차츰 100%로 다가가면 됩니다. 차츰차츰 다가가는 것, 차츰차츰 바꾸어 가는 것! 그것이 팔정도의 '도道'입니다.

이 도道에 대해 조금 더 논하여 봅시다.

도는 무엇이며 어디에 있는가

사람들은 흔히 '도'를 이야기합니다. '도를 닦는다'고도 합니다. 그런데 그 사람들에게 "도가 무엇입니까?"라는 질문을 던지면 답을 잘 하지 못합니다. 도가 무엇인지도 모르면서 '도를 닦는다'고 한다면 큰 모순이 아니겠습니까? 이제 도道와 관련된 한 편의 이야기를 음미해 봅시다.

중국 형주땅의 천황사天皇寺에서 도오(道悟 : 748~807)선사가 선법禪法을 떨치고 있을 때의 일입니다.

천황사 산문山門밖에 떡집이 있었는데, 떡집 주인은 아들을 시켜 날마다 떡 열 개씩을 도오선사께 공양을 올렸습니다. 스님은 그 떡을 받을 때마다 한 개를 집어 떡집 소년에게 주며 말했습니다.

"너에게 이 떡을 주노니, 자손을 위해 공덕을 쌓을지니라."

이렇게 하기를 여러 달이 지난 어느 날, 소년은 여

쭈었습니다.

"스님, 저희 집에서 가져온 떡을 늘 저에게 다시 주시는 까닭이 무엇입니까?"

"까닭이라니? 네가 가져온 것을 너에게 다시 주는데 무엇이 이상한고?"

"예?"

소년은 도저히 이해를 할 수 없었지만, 이 일이 인연이 되어 뒷날 도오선사의 제자가 되었습니다.

"너는 숙세宿世에 선근을 숭상하였고 지금도 믿음〔信〕이 깊으니, '숭신崇信'이라는 불명을 주노라."

숭신은 열심히 스승을 섬기며 수행자의 길을 걸었습니다. 그러나 도오선사는 몇 해가 지나도록 법문 한 마디 들려주지 않았습니다. 숭신은 답답하고 애가 탔습니다. 참다 못한 어느 날, 숭신은 스님 앞으로 나아가 말했습니다.

"스님, 소승이 출가하여 스님을 모신 지도 여러 해가 지났습니다. 그러나 스님께서는 단 한 차례도 도道에 대한 법문을 설해 주지 않으셨습니다. 스님, 저는 참으로 불안합니다."

"무엇이? 나는 네가 여기 온 뒤로 도를 보여주지

않은 때가 하루도 없었느니라."

"언제 스님께서 도를 보여주셨습니까?"

"네가 차를 다려다 주면 내가 정중히 받아서 마셨고, 네가 밥을 차려다 주면 맛있게 밥을 먹었다. 또 네가 아침저녁으로 절을 할 때마다 내가 응접應接을 하지 않았더냐? 그런데 어찌 도를 보여주지 않았다고 하느냐?"

이 말을 들은 숭신이 묵묵히 고개를 숙이고 골똘이 생각에 잠기자, 도오선사가 큰 소리로 꾸짖었습니다.

"무얼 꾸물거리느냐? 볼려거든 당장에 보아라! 조금이라도 생각으로 헤아려 분별하면 벌써 하늘과 땅만큼 멀어지느니라."

바로 이 순간 숭신은 대오大悟하였고, 뒷날 용담龍潭에서 '주금깅主金剛'이라고 자처하던 덕산德山스님을 교화하여 법제자로 삼은 대도인이 되었습니다.

§

도道! 도가 무엇입니까? 도오선사는 숭신스님을 향해 단 한차례도 도에 대해 설법을 하지 않았습니다. 그런데도 숭신스님은 대오를 하였습니다. 이처럼

78 · 사성제

도는 말과 아무런 상관이 없습니다. 생각으로 헤아리고 분별하여 닦는 것이 아닙니다.

바로 보고, 바로 생각하고, 바로 말하고, 바로 행동하고, 바로 생활하고, 바로 정진하고, 바른 신념과 바른 선정 속에 있는 것. 이것이 도입니다. 도는 과정이요 길입니다. 목적지를 향해 뚫려 있는 길입니다. 그 길을 따라 나아가면 과보의 땅에 도착하게 되어 있습니다.

그런데 그 도는 어디에 있습니까? 도는 깊은 산속이나 하늘 위에 있는 것이 아닙니다. 신선의 세계에 있는 것이 아닙니다. 도오선사의 가르침 그대로, 차 마시고 밥 먹고 인사를 나누는 그 속에 있습니다. 바로 우리의 삶 속에 도가 있고, 언제나 '나'와 함께 하는 것이 도입니다. 그래서 부처님께서는 보고 생각하고 말하고 행동하는 등의 삶 자체를 '도'로 규정하신 것입니다.

부처님께서 간곡히 실천을 당부하신 팔정도. 그 도는 멸滅로 나아가는 삶 입니다. 열반과 진리로 향하는 삶 입니다. 고집苦集의 길인 갈애와 탐·진·치의 삼독을 추종하여 고통 속에서 허덕이는 중생들이, 영원〔常〕·행복〔樂〕·자재〔我〕·청정〔淨〕이 충만된 열반의 땅을 향해 닦아 나아가는, 삶의 바른 실천이 팔정도인 것입니다.

팔정도를 실천하면 반드시 향상을 합니다. 팔정도를 닦으면 고苦의 해탈은 물론이요 자유와 행복과 평화가 보장되게 되어 있습니다. 이것은 나의 말이 아닙니다. 부처님의 말씀입니다. 다시 한 번 스스로에게 질문해 보십시오.

"왜 도를 닦는가?"

한 마디로, 부처님처럼 잘 살기 위해 도를 닦는 것입니다. 고苦의 멸滅을 이루기 위해, 번뇌와 괴로움의 불길이 완전히 사라진 열반의 삶을 이루기 위해 도를 닦는 것입니다.

이 팔정도의 실천을 통하여 고苦의 해탈은 물론이요 대자유와 평화와 대행복을 이루신 부처님. 바로 그 부처님께서 우리를 당신과 같은 자리로 끌어올리기 위해 제시해주신 길이 팔정도인 것입니다. 이제 장을 바꾸어 팔정도의 첫 번째인 정견正見부터 심도 있게 공부해 보도록 합시다.

팔정도
八正道

정견(正見)

정사(正思)

정어(正語)

정업(正業)

정명(正命)

정정진(正精進) · 정념(正念) · 정정(正定)

평화롭게 팔정도를 닦자

정견 正見

'나'부터 바로 보라

팔정도의 첫째인 정견을 살펴보기 전에 결론부터 이야기하겠습니다. 열반의 땅을 향해 뚫려 있는 팔정도의 여덟 가지 덕목인 정견·정사·정어·정업·정명·정정진·정념·정정의 각각을 우리의 몸에다 대비를 시킬 경우, 정견正見은 눈이요 정정正定은 발이며, 나머지 여섯은 오장육부 등의 몸에 해당합니다.

그런데 생각을 해보십시오. 만약 눈이 없다면, 열반의 땅으로 올바로 나아갈 수 있겠습니까? 못 갈 것입니다. 설혹 간다고 해도 너무나 힘이 들 것입니다. 그러므로 길을 바로 볼 수 있는 눈을 잘 지니는 것이 무엇보다도 중요합니다.

곧 정견은 고멸성제(열반)에 이르는 출발점이요, 끝까지 의지해야 하는 나침반과 같은 것입니다. 한마디로 정견이 없으면 열반의 땅으로 나아갈 수 없기 때문에, 팔정도의 첫 머리에 정견을 두어, 정견부터 갖출 것을 강조하신 것입니다.

바로 보는 정견正見. 그런데 흔히들 '본다'고 하면 바깥을 보는 것을 생각합니다. 눈이 제 자신보다는 바깥을 잘 보기 때문인지, 밖을 보기를 좋아하고 밖을 중요시하며, 밖에서 구하고자 하고 밖의 것에 집착을 합니다.

그러나 밖의 것은 현상일 뿐 근원이 아닙니다. 안팎을 논함에 있어 언제나 주체는 '나'일 뿐입니다. 그러므로 밖을 다스리기보다는 안을, 다른 것보다는 내 삶의 근원이 되는 '나'부터 보고자해야 합니다. 곧, 근원인 '나'를 잘 다스리면 모든 것은 저절로 해결이 되는 것입니다.

❀

평생 글만 읽으며 살았던 한 선비에게 어린 아들이

헐레벌떡 달려와 외쳤습니다.

"아버지! 우리 논에서 물이 자꾸 새고 있습니다."

아들을 따라 급히 논으로 갔더니, 논둑에 작은 구멍이 뚫려 있었습니다. 선비는 흙으로 물이 흘러나오는 논둑의 바깥쪽을 막았습니다. 그러나 아무리 막아도 물은 계속 새어나왔습니다. 선비는 포기하고 집으로 돌아와 머슴에게 말했습니다.

"여보게, 논둑에 구멍이 났는데 흙으로 아무리 막아도 물이 계속 새어나오고 있네. 그 구멍을 막으려면 일꾼이 몇 명은 있어야 할 것 같네."

"먼저 저와 함께 가보시지요."

물이 새는 것을 본 머슴은 선비에게 물었습니다.

"어떻게 구멍을 막았습니까?"

"바깥쪽에서 이렇게 막았지."

머슴은 묵묵히 진흙 한 줌을 뭉쳐 논 안쪽의 구멍을 막았습니다. 물은 한 방울도 새어나오지 않았고, 선비는 무릎을 쳤습니다.

"방기원防其源."

방기원防其源! '그 근원을 막아라.'

모든 것의 근원. 그 근원은 '나'입니다. 모든 것은 다 '나'에게서 비롯됩니다. 모든 허물도 만선萬善도 '나'에게서 비롯됩니다. 그러므로 밖을 보고 밖을 탓하고 밖을 다스리기보다는, 근원인 '나'부터 반성하고 '나'부터 막고 '나'부터 바로 보아야 합니다. '나'부터 바로 보아야 바른 길正道로 나아갈 수가 있습니다.

그럼 나를 어떻게 바로 보아야 하는가? '나'에 대한 정견을 요약하면 세가지로 정리할 수 있습니다.

첫 번째 '나'에 대한 정견은 내가 살고 있는 세계에 대해 바로 보라는 것입니다.

과연 '나'는 어디에 살고 있습니까? 멀리 갈 것도 없이, 사성제의 첫 번째 가르침대로 '고苦'의 세계에 살고 있습니다. 생로병사를 피하지 못하고, 원수나 미운 사람이 있는 세상, 사랑하는 사람과 헤어져야만 하는 세상, 마음대로 되지 않는 세상, 숱한 번뇌로 속을 끓이고 고통을 감수하고 살아야 하는 사바세계에 살고 있습니다.

이 사바세계의 '고'를 통하여 우리는 무상無常을 느낍니다. 하지만 무상한 '나', 그 나는 변화합니다. 나의 환경도 변화합니다. 환경이 나에게 미치는 영향도 변화합니다.

나와 나를 둘러싸고 있는 모든 것은 어느 때 어느 곳에서도 확실함을 보장해주거나 계속 존재하지 않습니다. 모두가 흘러가고 모두가 덧없습니다. 그래서 제행무상諸行無常이라고 하는 것입니다.

고苦와 제행무상! 누가 이것을 모르겠습니까? 그러나 이것을 잊고 사는 인간은 참으로 많습니다. 잊고 살다보니 아주 큰 일이 닥치지 않으면 '나'는 그렇지 않은 듯이 착각을 합니다.

'나'는 고와 무상으로부터 떠나 있는 듯이 생각을 합니다. 그리하여 괴롭고 무상한 인생 전체의 흐름을 보지 못하고 눈앞의 문제에만 매달려 삽니다.

그러므로 정견正見을 해야 합니다. '고와 제행무상의 현실에 빠져 살고 있다'는 것을 똑바로 바라보아야 합니다.

똑바로 바라보면 괴롭고 무상한 '나'의 인생에 대한 집착을 서서히 놓게 되고, '이 고해苦海로부터 벗어나 자리이타自利利他의 삶을 이루고 부처님처럼 되겠다'는 무상보리심無上菩提心을 발하게 되는 것이며, 정도를 실천하여 무한 행복의 열반에 이르고자 하는 결심을 굳힐 수가 있는 것입니다.

　두 번째 '나'에 대한 정견은 고의 원인인 고집苦集이 무엇인지를 정확히 보라는 것입니다.
　왜 나의 인생이 고苦가 되었고 주위가 고해로 바뀌었는지를 스스로 잘 살펴보라는 것입니다.
　삶 속에서 겪었던 근심과 고통을 이야기하라면 사람마다 각양각색의 경험을 들겠지만, 그 근심과 고통의 원인을 한 마디로 줄이면 '사람과 물질' 때문이요, 더 축약하면 '나' 때문입니다. '나의 사람'과 '나의 물질' 때문에 근심하고 괴로워하는 것입니다. 곧 괴로움의 실체는 '나'인 것입니다.
　그런데 '나'란 무엇입니까? '나의 물질', '나의 사람'이란 무엇입니까? 물질은 원래 '나의 것'이 없고, 사람 또한 영원한 '나의 사람'은 없습니다.
　물질도 사람도 인연으로 '나'와 함께 하다가 인연이 다하면 떠나는 것인데, 무아임을 모르는 나의 어리석음인 아치我癡에 빠져 내가 있다고 고집하는 아견我見과 나에 대한 사랑인 아애我愛와 내 잘난 맛에 빠지는 아만我慢에 사로잡혀, '나의 것'과 '나의 사람'을 고집하는 것입니다.

실로 모든 근심과 고난은 '나'에 대한 사랑에서 비롯됩니다. 고집성제에서 '갈애渴愛'라고 표현했듯이, 중생은 '나'를 너무나 사랑합니다. 그리하여 '나'에게 맞으면 탐욕의 불길을 일으키고, '나'를 거스르면 분노하고 짜증내고 신경질을 부리면서 갖가지 어리석은 행동을 하여, 가장 소중한 '나'를 고해 속으로 빠뜨려버립니다.

곧 '나'에 대한 애타는 사랑인 갈애가 탐·진·치의 삼독三毒을 뿜어내고, 이 삼독이 '나'를 괴로움의 세계에 갇혀 살도록 만들어버리는 것입니다.

따라서 괴로움을 벗어난 열반의 세계에 이르려면 갈애와 삼독을 다스려야 하고, 갈애와 삼독심이 일어날 때마다 스스로의 상태를 잘 돌아보고 지켜보아서 그 속에 빠져들지 않도록 해야 합니다. 이렇게 내면을 향해 고의 집성제〔苦集聖諦〕를 꿰뚫어 보는 것! 이것이 두 번째의 정견입니다.

세 번째 '나'에 대한 정견은 내가 '나'로 삼고 있는 자아自我, 이 자아가 무아無我라는 것을 바로 보는 것입니다.

자아自我는 스스로가 세운 '나', 스스로가 생각하는 '나'입니다. 스스로가 '나'에 대한 사랑으로 정립한 '나'요, 욕심과 망상, 어리석음으로 정립한 '나'일뿐입니다. 그런데도 '나'는 그 거짓 자아속에 갇혀 살아갑니다. 마치 특정한 형태의 고무풍선을 만들어, 그 고무풍선 안의 세계에서 살아가는 것과도 같습니다.

과연 고무풍선 안의 세계가 자유롭겠습니까? 갇혀 있으니 자유롭지 못하고, 두렵고 불안하며, 혼자만의 공상과 망상이 많으며, 조그마한 일에도 상처를 잘 입습니다. 하지만 우리는 풍선의 세계에서 '나'를 고집하며 살고, 내 것을 고집합니다.

그러나 가만히 생각을 해보십시오. 풍선 안의 공기와 풍선 밖의 공기가 다른 것입니까?

아니라는 것은 누구나 알고 있습니다. 그런데도 갇혀 있기 때문에 '나'라는 고집을 꺾으려고 하지 않습니다. 그러다가 죽음과 함께 그 풍선은 쪼그라들고, 또 다른 생을 받으면 업을 따라 또 다른 모습의 풍선을 불며 살아가는 것입니다.

　이제 이 풍선을 터뜨려 보십시오. 그 순간 풍선 속의 공기는 그냥 그대로 풍선 밖의 공기와 하나가 됩니다. 그냥 하나가 되어 영원한 생명력을 얻을 뿐 아니라 두려움 없이 자유롭고 불안감 없이 행복하고 티 없이 맑은 본래의 삶을 회복하게 되는 것입니다.

　풍선은 자아自我입니다. 내가 불어 만든 자아, 스스로 만들어낸 자아입니다. 원래 허공에는 이러한 자아가 없으며, 풍선은 터지면 그대로가 대법계입니다. 이렇듯 풍선과 같은 자아가 본래 없다는 것을 깨닫는 것이 무아無我의 가르침이며, 내가 고집하고 있는 자아가 원래 없다〔無〕는 것을 '꿰뚫어 볼 때' 열반적정涅槃寂靜의 삶이 열리는 것입니다.

　'나'의 인생살이에 있어 모든 고락의 근원이 되는 '나'를 바로 보는 정견正見! 이것이야말로 도道의 출발점입니다.

　"털끝만큼만 어긋나도 하늘과 땅만큼 멀어진다〔毫釐有差 天地懸隔〕."는 『신심명 信心銘』의 말씀 그대로, 출발점에서 '나'를 바로 보지 않고 도를 구하면 도달

하는 점은 하늘과 땅만큼 멀어질 수밖에 없습니다.

설혹 ①괴롭고 무상한 '나', ②갈애와 탐진치 속의 '나', ③무아인 '나'를 생각하기조차 싫을지는 모르지만, 이것을 긍정하고 올바로 볼 때 대자유와 무한 행복을 보장하는 고멸도성제苦滅道聖諦의 길이 열린다는 것을 꼭 명심하시고, 무엇보다 먼저 '나'를 바라보면서 스스로를 점검하고 또 점검하기 바랍니다.

이제 '있는 그대로를 보는 법'과 '버려야 할 사견邪見', '나의 갈 길 바로 보기' 등에 대해 살펴봅시다.

있는 그대로를 보라

바로 본다는 것! 그것은 '있는 그대로'를 보는 것입니다. 먼저 한 편의 이야기부터 음미해 봅시다.

❀

어느 날 아난阿難존자가 부처님께 자랑스럽게 말씀드렸습니다.
"세존이시여, 저는 오늘 기특한 일을 보았습니다."
"무엇을 보았느냐?"
"제가 오늘 성문을 통해 나가는데 악사樂士들이 풍악을 울리며 성안으로 들어왔습니다. 그때 저는 그 악사들에게서 무상無常을 보았습니다."
"아난아, 나에게도 기특한 일이 있다."
"무엇이옵니까?"
"어제 성문을 나설 때 악사들이 풍악을 울리며 성안으로 들어오는 것을 보았는데, 모두가 풍악을 하는 사람이더구나."

아난존자는 풍악을 울리는 악사들의 모습 속에서 무상을 보았습니다. 현상을 통하여 부처님께서 가르치신 무상을 보았다는 것이 너무나 기뻤던 아난존자는 부처님께 자랑하였습니다. 그런데 '기특하다'며 칭찬을 해주실 줄 알았던 부처님께서는 전혀 엉뚱한 말씀으로 아난존자의 바른 눈을 열어주셨습니다.

"풍악을 울리는 악사들을 보면서 무상을 본 것이 아니라 '풍악을 하는 사람'으로 보았다."

이 말씀 속에 담긴 깨우침이 무엇입니까? 나름대로의 관념을 가진 채 보지 말고 '있는 그대로를 보라'는 것입니다. 아무리 '무상의 가르침'이 중요할지라도, 그보다 더 중요한 것은 있는 그대로를 볼 수 있는 지혜요 정견이라는 것입니다.

정녕 부처님께서 무상無常을 가르치신 까닭이 무엇입니까? 이 현실세계에서 집착에 빠져 영원함(常)이 있다고 고집하며 영원함을 찾아 헤매는 어리석음을 놓게 하기 위함이었습니다. 그런데 아난존자는 악사들이 즐겁게 풍악을 울리는 것을 대하며 무상을 보았습니다. 더 이상은 세속이 영원하다는 착각을 하지 않게 된 것입니다.

상常에 대해 집착하는 어리석음을 놓게 하기 위한 무상의 가르침. 이제 무상의 가르침을 확실하게 체득한 아난존자는 목적지에 이르러 뗏목을 버리듯이 무상에 대한 집착도 놓아버려야 합니다. 그래야 있는 그대로를 볼 수 있습니다. 하지만 아난존자는 무상에 대한 집착을 놓지 못하였기에, 아직도 있는 그대로를 볼 수 없었던 것입니다.

있는 그대로! 삶의 현장에서 우리는 수많은 것을 보고 느낍니다. 그리하여 나름대로의 분별과 함께, '나'에게 맞다·어긋난다, 좋다·싫다, 곱다·밉다, 기쁘다·슬프다, 즐겁다·괴롭다는 등의 감정에 빠져들고, 그 분별과 감정의 흐름따라 살아가기 때문에 힘들고 괴로운 현실을 자꾸만 키우게 되는 것입니다.

실로 우리가 대상 속에서 자유롭고 행복하기를 바란다면 이러한 분별과 감정을 넘어서서 있는 그대로를 볼 수 있어야 합니다. 있는 그대로! 있는 그대로를 보게 되면 좋고 싫을 것도, 기뻐할 것도 슬퍼할 것도 없습니다. 마냥 평화롭고 행복하고 자비와 지혜와 환희가 넘치게 됩니다.

그럼 어떻게 하여야 있는 그대로를 볼 수 있는가?

어느 날 흑씨黑氏 바라문은 신통을 부려서 만든 합환오동合歡梧桐 꽃을 양손에 한 송이씩 들고 부처님을 찾아와 바치고자 하였습니다. 그때 부처님께서는 조용한 음성으로 흑씨 바라문을 불렀습니다.

"선인(仙人)아!"

"예, 부처님."

"버려라."

흑씨 바라문이 왼손에 든 꽃송이를 버리자 부처님께서 다시 이르셨습니다.

"선인아, 버려라."

이에 흑씨 바라문은 오른손에 든 꽃송이를 버렸고, 부처님께서는 또 말씀하셨습니다.

"선인아, 버려라."

"부처님이시여, 저의 두 손은 이미 비었습니다. 다시 무엇을 버리라 하시나이까?"

"나는 그대에게 그 꽃을 버리라고 한 것이 아니다. 버리라고 한 것은 집착과 번뇌망상이니라. 그대의 마음속에 가득차 있는 집착과 번뇌망상을 일시에 버려서 더 이상 버릴 것이 없게 될 때 생사를 해탈하게 되느니라."

부처님의 이 말씀에 흑씨 바라문은 대오大悟를 하였습니다.

8

흑씨 바라문이 신통으로 부처님께 바칠 꽃을 만든 그 자체가 무엇입니까? 바로 자랑이요 집착이요 번뇌망상입니다. 부처님께서는 이것을 바로 보셨기 때문에 '버려라'고 하셨습니다.

집착과 번뇌망상을 버려라! 이것이 있는 그대로를 보는 비결입니다. 버려라. 버리라는 것은 '비우라空'는 것입니다. 집착과 번뇌망상, 곧 '나'의 이기심·욕심·집착 등을 비우라는 것입니다.

이 이야기에서처럼 '나'의 집착과 번뇌망상을 비워 있는 그대로를 보면 열반이 보입니다. 눈에 보이는 것만이 아니라 눈에 보이지 않던 본질까지 볼 수 있게 되어, 모든 장애의 매듭을 풀 수 있게 됩니다.

따라서 있는 그대로를 보고자하고 해탈을 원한다면 자꾸자꾸 비워야 합니다. 특히 시련과 장애가 찾아오거나, 풀리지 않고 막힐 때일수록 비워야 합니다. 지난 날의 내 마음가짐과 말과 행동을 되돌아보면서, '나'의 이기심과 욕심과 집착을 비워야 합니다. 비우면 상대적인 갈등이 사라지고, 어떠한 시련도 장애도 막힌 것도 풀어집니다.

풀어지는 원리는 참으로 간단합니다. 바로 비우는 것입니다.

그런데 '비우라'고 하면 일을 비우고 사람을 비우고 인연을 비우는 것으로 착각을 하는 이들이 종종 있습니다.

'비움'의 가르침은 바깥을 비우라는 것이 아닙니다. 집착·고집·욕심·분노·이기심·어리석음·게으름 등으로 무장을 하는 **거짓 '나', 곧 자아**自我**를 비우라는 것**입니다.

이 거짓 '나'를 비울 때 있는 그대로를 볼 수 있는 눈을 갖게 되며, 오묘한 경지가 저절로 나타납니다. 참 '나'가 나타나며, 참 '나'의 행복과 영광과 자비와 지혜와 사랑과 환희 등이 함께 나타납니다.

물론 이때 거짓 자아는 절대로 가만히 있지 않습니다. 집착·이기심·욕심·감정 등을 비우지 못하게 만듭니다. 비우도록 가만히 내버려두면 자기의 생존을 위해 필요한 양식이 사라지기 때문입니다.

그래서 거짓 '나'는 마지막 수단으로 두려움을 줍니다. 이것이 마魔입니다. 두려움을 주어 더욱 '나'의 껍질을 두텁게 만듭니다. 더욱 집착하고 고집을 부리고 이기적으로 만듭니다.

하지만 두려움을 느끼는 이때가 중요합니다. 이때 비우지 못하면 '나'는 두터운 껍질에 쌓여 더욱 고립되고 더 심한 괴로움 속으로 빠져듭니다. 세세생생 거짓 '나'의 꼭두각시가 되어 바로 보지도 못하고, 말초적인 감정과 거듭되는 고난의 삶을 감수하며 살 수밖에 없는 것입니다.

그러므로 모름지기 거짓 자아를 비워야 합니다. 고난이 닥쳤을 때, 장애가 생겼을 때, 막혔을 때일수록 비워야 합니다. 더 이상 거짓 '나' 마장魔障에 사로잡혀 살지 말고 '나'를 비워 보십시오. '나'를 비우면 비울수록 바른 눈이 열리고, 해탈의 길이 분명하게 보입니다.

물론 비우기가 쉽지 않을 것입니다. 그때는 참회懺悔를 하십시오. 진심으로 '잘못했습니다'라고 하는 참회는 거짓 '나'를 비우고 장애의 업을 녹이는, 가장 쉽고 가장 으뜸가는 실천법입니다.

참회를 통하여 이기심·욕심·집착·고집·어리석음 등의 거짓 '나'를 비울 때 자비·지혜·영광·행복·환희가 충만된 참 '나'가 모습을 드러냅니다.

일시적인 방편으로 통함을 구하면 오히려 더욱 막히게 되고, 참회를 하면서 거짓 '나'를 비우면 바른 길이 보이면서, 거짓 '나' 때문에 생겨났던 장애가 일시에 사라지게 되는 것입니다.

정견正見 — '바로 보라', '있는 그대로를 보라'는 것은 거짓 '나'에 사로잡힘이 없을 때 가능한 것입니다.

만약 지금의 '나'가 있는 그대로를 보지 못한다면, 고난·장애·시련이 닥쳤는 데도 길이 보이지 않는다면, 그리고 '나'의 힘으로도 주위의 힘으로도 지금의 난관을 어떻게 할 수 없다면, 참회의 기도를 통하여 불보살님의 가피를 구해야 합니다. 특히 이기심이나 자존심이 치솟아 오를수록 참회기도를 열심히 해야 합니다.

'잘못했습니다'라고 하는 참회기도를 통하여 '나'

를 비워야 합니다. 거짓 '나'의 집착과 잘못을, '나'의 번뇌를 비워야 합니다. 참회의 눈물 속에 이기심·욕심·자존심·미움·고집 등의 번뇌가 녹아 내리면 '나'는 저절로 바르게 되고, 지금 이 자리에서 '바를 정正'자 정견正見을 갖추게 됩니다.

있는 그대로를 볼 수 있는 정견이 있으니 길은 저절로 보이고, 능히 묶인 자리를 볼 수 있으니 매듭을 쉽게 풀 수 있으며, 반야般若의 지혜는 저절로 발현됩니다. 나아가 '나'의 실천은 곧 그대로 자비가 되고, 행복과 평화와 영광이 언제나 '나'와 함께 하게 되는 것입니다.

사견邪見에 집착 말고 인연을 바로 보라

정견을 갖추는 방법에는 거짓 '나' 비우기, '참회' 외에도 여러가지가 있습니다. 부처님이나 덕 높은 스승의 가르침을 꾸준히 배우는 것, 자비의 행을 실천해 나가는 것, 사견邪見이 무엇인가를 올바로 아는 것 등 입니다.

그런데 가르침을 배우고 자비의 행을 닦는 것과는 달리 사견을 올바로 파악하기란 용이하지 않습니다. 사견은 크게 세속적인 것과 출세간적인 것으로 나누어집니다. 세속적 사견은 우리의 삶과 관련된 것이요, 출세간적인 사견은 종교적인 것입니다.

이 둘 중에서 세속적 사견은 기준점을 잡기가 어렵지 않습니다. 곧 탐貪·진瞋·치癡 삼독三毒에 빠진 견해는 사견이요. 계戒·정定·혜慧 삼학三學에 맞는 견해는 정견입니다.

나의 탐욕을 채우기 위한 생각, 시기·질투·분노·짜증 속에서의 결정, 나의 편안함을 구하기 위한 합리화 등은 사견에 속하는 것입니다. 그러므로 '내가 무엇을 생각하고 판단하고 결정함에 있어 탐·진·치에 이끌려 움직이고 있는 것이 아닌지'를 스스로에게 되물어 보면 보다 쉽게 사견에서 벗어날 수 있습니다.

하지만 종교적인 사견은 판단하기가 매우 어렵습니다. 개인적인 탐·진·치는 스스로가 파악을 할 수 있지만, 종교의 탐·진·치는 '개인을 구원한다'는 명분 아래 감추어져 있기 때문입니다. 주위를 둘러볼 때 예상 밖으로 그릇된 종교에 현혹되어 헛된 공부를 하거나, 뜻하지 않은 소용돌이에 빠져 괴롭게 사는 이들이 많은 까닭도 이 종교적인 사견을 쉽게 파악할 수 없기 때문입니다.

종교적인 사견은 곧 사교邪敎를 의미하는데, 부처님께서는 기원정사에서 종교적인 세 가지 사견에 대해 비구들에게 자상하게 설하셨습니다.

이 세상에는 세 가지 사견을 가진 교인敎人들이 있으니, 현명한 사람은 그것을 밝게 증명하여 따르지 말아야 한다. 세 가지 사견이란 무엇인가?
① 어떤 교인은 주장한다. '사람이 이 세상에서 경험하는 것, 곧 괴로움[苦]·즐거움[樂]·괴롭지도

즐겁지도 않은 것[不苦不樂]들은 모두 전생前生의 업業에 의한 것이다'고.

② 어떤 교인은 주장한다. '사람이 이 세상에서 경험하는 것, 곧 괴로움·즐거움·괴롭지도 즐겁지도 않은 것들은 모두 자재천신自在天神이 그렇게 창조하였기 때문이다'고.

③ 어떤 교인은 주장한다. '모든 것에는 인因도 없고 연緣도 없다'고.

① 비구들이여, 나는 **'무엇이든 전생의 업業에 의한다'고 주장하는** 이들의 처소로 가서 물었다.

"모든 것이 전생의 업이라는 그대들의 의견이 반드시 옳다고 생각하시오?"

"그렇습니다."

나는 비평을 했다.

"제현들이여, 그렇다면 이 세상에서 사람을 죽이거나 도둑질·간음·거짓말을 하고 탐심·진심·치심을 내는 것도 다 전생의 업이라고 아니할 수 없을 것이오. 이처럼 모든 것이 전생에서 정해진 업이라면 '이것은 해서는 아니 된다'는 욕망의 절제도,

'이것은 해야만 한다'는 노력도 필요가 없게 됩니다."

② 비구들이여, 나는 **'모든 것이 자재천신의 창조에 의한 것'**임을 주장하는 이들의 처소로 가서 비평을 하였다.

"만약 제현들의 주장대로라고 한다면 살생을 하는 것도 자재천이 그렇게 창조하였기 때문이요, 도둑질·간음·거짓말·탐심·진심·치심을 일으키는 것도 자재천이 그렇게 창조하였기 때문이라 하지 않을 수 없을 것이오. 실로 자재천이 모든 것을 그렇게 창조한 때문이라면 '이것은 해서는 아니 된다'는 욕망의 절제도, '이것은 해야만 한다'는 노력도 필요가 없을 것입니다."

③ 비구들이여, 나는 **'인因도 연緣도 없다'**고 주장하는 이들의 처소로 가서 비평을 하였다.

"제현들이여, 그대들의 주장대로라면 인도 연도 없이 살생을 저지르고, 인도 연도 없이 도둑질·간음·거짓말을 하고 탐심·진심·치심을 일으키는 것이 됩니다. 이렇듯 모든 것에 인도 연도 없다면 '이것은 해서는 아니 된다'는 욕망의 절제도, '이것은 해야만 한다'는 노력도 기울이지 않을 것입니다."

 비구들이여, 이것이 세 가지 종류의 사견邪見을 내세우는 종교인에 대한 나의 비평이다. 나는 이치로써 그들을 설복하여 그들로 하여금 사견을 버리게 하였느니라.
 비구들이여, 어느 누구라도 이 세 가지 사견 가운데 하나만이라도 좇아가게 되면, 그는 이 세상의 모든 흐름을 부정하여 크게 그릇된 결과에 빠지게 되느니라. 그러므로 현명한 사람이라면 이와 같은 사견을 잘 파악하여, 남에게 버림을 받지 않도록 해야만 한다.

— 중아함『삼도경 三度經』

 이상과 같이 부처님께서는 현생의 모든 것에 대한 종교적인 사견邪見으로 세 가지를 들었습니다.

① 무조건 전생 업보로 보는 전생업보설前生業報說
② 자재천 등과 같은 신神의 창조주설創造主說
③ 무인연설無因緣說

이 셋은 하나같이, 선악善惡의 분별 능력은커녕 인간을 방탕하게 만들고, 더 맑고 밝고 깊은 삶을 향한 향상向上의 의지를 발하지 못하게 한다는 것입니다. 만약 이와 같은 길을 걷는다면 종교적인 행복과 평온은커녕, 삼악도의 고통만이 보장될 것입니다. 이제 이 셋을 조금 더 심도 있게 새겨봅시다.

① 부처님께서는 **무조건적인 전생업보설**을 부정하셨을 뿐, 전생이나 현생의 삶에 작용하는 전생의 업 자체를 부정하신 것이 아닙니다. 오히려 부처님께서는 인도의 어떤 종교인 못지 않게 전생을 강조하셨고, 현생의 삶에 전생업보가 크게 영향을 미친다는 것을 가르쳐주셨습니다.
하지만 무조건적인 전생업보설, 전생의 지은 바에 따라 현생의 모든 삶이 결정된다는 결정론적인 전생업보설에 대해서는, 앞에서 살펴보았듯이 '사견이요

사도'라 하시면서 강력히 부정했습니다. 오히려 전생보다는 현생을 중요시하셨고, 현생 중에서도 '지금 이 자리'를 더욱 중요시하셨습니다.

과거는 이미 흘러갔고 미래는 아직 오지 않았습니다. 중요한 것은 '지금 이 자리'입니다. 지금 이 자리를 잘 가꾸면 전생의 업으로 인한 과보를 가볍게 할 수 있을 뿐 아니라, 앞으로의 삶이 더욱 좋아지게 됩니다.

곧 전생 업의 폭우가 몰아칠지라도, 지금 이 자리에서 바로 보고 마음을 잘 다스려 바르게 실천하는 팔정도의 가르침에 따라 대비를 잘하면, 폭우의 피해를 최소한으로 줄일 수 있을 뿐 아니라 더욱 윤택한 삶을 누릴 수 있게 되는 것입니다. 마치 태풍을 잘 견딘 초목이 푸르름을 더하듯이 ….

지금 이 자리에서 잘 하고 잘 가꾸어 향상의 길로 나아가게끔하는 가르침. 이것이 불교의 인연설因緣說입니다. ❸의 **무인연설**이 아니라, 인因과 연緣의 모이고 흩어짐에 따라 삶의 변화가 이루어지는 것입니다. 부처님께서는 강조하셨습니다.

인연과 업보를 바로 보아라. 모든 것은 인과 연의 화합으로 생겨나고, 인과 연이 흩어지면 자연히 소멸된다. 인因 하나만으로 존립하는 것도, 연緣 하나만으로 생겨나는 것도 없으며, 전생의 업보만으로 현생을 사는 것도 아니다. 인연의 법칙 속에서 가장 중요하게 작용하는 것은 언제나 근본인根本因이 되는 '나'의 마음가짐이다.

우리는 전생의 업보를 참회하면서 바른 마음가짐으로 현세의 업을 잘 닦아가는 조화로운 불자가 되어야 합니다. 업보는 인과 연이 모여서 생겨나는 것! 지금 이 자리에서의 '나'의 마음가짐과 행동은 과거의 업을 어떤 식으로 싹 틔울 것인가를 결정짓는 연緣으로 작용함과 동시에 미래의 씨가 됩니다.

실로 '지금 이 자리'는 과거의 맺힌 업을 푸는 과果의 자리이면서 새로운 업을 짓는 인因의 자리입니다. 그러므로 지금 이 자리에서 어떠한 마음가짐을 갖느냐에 따라 맺힌 업을 풀고 푼 업을 더욱 원만하게 가꿀 수도 있으며, 새로운 악업을 맺어 더 나쁜 상태로 자신을 몰고 갈 수도 있습니다.

맺느냐, 푸느냐? 잘 사느냐, 못 사느냐? 이는 오직 지금 이 자리에서 내가 어떻게 하느냐에 달려 있으며, 이것이 부처님께서 설하신 인연법의 핵심입니다.

이제 우리는 전생업보설에만 매달려 살아서는 안 됩니다. 인도 연도 없다는 무인연설에 빠져 타락의 길을 걷는 것은 더더욱 용납하지 말아야 합니다. 부처님의 가르침에 따라 인연의 법칙을 바로 보고〔正見〕, 지금 이 자리에서 향상의 길·행복의 길·성불의 길로 나아가는 것! 이것이 불교를 믿는 불자의 바른 삶이라는 것을 깊이 명심해야 할 것입니다.

② 외도의 창조주설은 운명에 대한 개척 의지를 막는 것과 동시에 창조주를 믿을 것을 절대적으로 강요합니다.

그러나 부처님께서 제시하신 정견正見은 '무조건 나를 믿으라'는 것이 아닙니다. 나의 가르침을 듣고 생각을 해 보아서 '그렇구나, 옳은 말씀이구나' 하는 확신이 서게 되면 그때 믿으라고 하셨습니다.

나아가 부처님 당신께 매달리거나 헌신할 것을 강요하지도 않았습니다. '그래, 옳다'고 생각되면 '닦고 실천하는 향상의 길로 걸으라'고 하셨으며, 마침내 당신과 같은 자리로 올라와 '부처가 되어야 한다'고 주장하셨습니다. 이것이 다른 종교에서는 볼 수 없는 불교의 특징입니다.

비구들이여, 스스로를 등불로 삼고 스스로를 의지할 곳으로 삼아라. 다른 사람에 의지해서는 안 된다. 법法을 등불로 삼고 법을 의지할 것으로 삼아라. 다른 것에 의지해서는 안 된다.

부처님께서는 '스스로를 등불로 삼고 법을 등불로 삼아라〔自燈明法燈明〕'는 말씀으로 45년 설법을 요약하신 후 열반에 드셨습니다. 다른 것은 등불이 될 수 없다는 가르침입니다. 이 얼마나 칼날이 오똑 선 가르침입니까?

우리는 지금 부처님께서 인생의 나침반으로 삼도록 하신 불교의 정견正見을 이야기하고 있습니다. 정녕 우리가 참된 불자라면, 맹목적으로 부처님께 매달리는 존재가 되어서는 안 됩니다. 매우 힘들고 깊은 고난에 처하여 어떻게 할 수 없을 때는 기도 등을 통하여 부처님의 자비에 매달려야 하겠지만, 문제가 소멸되면 다시 부처님의 참된 가르침으로 돌아가야 합니다. 정견을 갖추어 바로 믿고〔信〕, 바로 이해하고〔解〕, 바로 실천하여〔行〕 부처가 되는〔證〕 길로 나아가는 불자가 되어야 합니다.

부처님의 아들딸인 불자佛子! 장차 자라면 부처가 될 불자! 어찌 부처님께서 아들딸을 종으로 삼으려 하겠으며, 당신을 창조주처럼 받드는 것을 좋아하시겠습니까? 잘 사색해 보기 바랍니다.

헛된 것을 추구하지 말라

이제 정견에 대한 마지막 이야기로, '헛된 것에 빠져 살지 말고', '나의 갈 길을 바로 볼 것'을 당부드리고자 합니다.

이 세상에서 처음부터 '못 살고 그릇되게 살고자' 하는 이는 없습니다. 모두가 잘 살기를 원하고 바르게 살고자 노력합니다. 그러나 열심히 노력하는 데도 이상하게 잘 살지 못하고 그릇된 길로 나아가는 이들이 있습니다. 그들의 말이나 행동 등, 겉으로 보기에는 인과의 법칙에 의해 마땅히 잘 살아야 할 사람인데도 빈곤에서 헤어나지 못하거나 뜻밖의 고난에 처해 시달림을 받는 이들을 종종 볼 수 있습니다.

왜 이러한 고난 속에 휘말리는 것인가? 그 까닭은 크게 두 가지로 모아집니다. 헛된 것을 추구하여 헛된 것에 빠져 살거나, 정견正見, 곧 나아갈 길을 올바로 정하지 못했기 때문입니다. 그렇다면 헛되다는 것이 무엇인가? 부처님께서 만동자 비구를 깨우쳐 주신 유명한 '독화살' 법문에 이 내용이 잘 담겨 있습니다.

부처님께서 사위국의 기원정사에 계실 때, '만동자' 비구는 고요한 곳에 홀로 앉아 하루종일 깊은 생각에 잠겼습니다.

'세계는 영원한가 무상한가? 무한한가 유한한가? 영혼과 육체는 하나인가 따로 있는가? 중생은 죽은 뒤에도 존재하는가 존재하지 않는가? 부처님께서는 이러한 문제에 대해 전혀 설명을 해주지 않으신다. 나는 부처님의 그러한 태도가 못마땅하다. 이제는 더 참을 수가 없다. 부처님께서 나를 위해 이러한 것들에 대해 설명을 해 주신다면 부처님 밑에서 수행을 계속 하겠지만, 아무런 설명도 없으시면 부처님을 비난한 뒤에 떠나가리라.'

해가 질 무렵에 자리에서 일어난 만동자 비구는 부처님께로 나아가 혼자서 생각하였던 일들을 말씀드리자, 부처님께서는 비유를 들어 설했습니다.

"만동자여, 어떤 사람이 독 묻은 화살을 맞아 견디기 어려운 고통을 받고 있을 때 친척들이 의사를 불러 그 화살을 뽑고자 하였다. 그때 그는 외쳤느니라.

'이 화살을 뽑아서는 아니 되오. 나는 먼저 화살을 쏜 사람이 누구인지를 알아야겠소. 남자인지 여자인지, 이름은 무엇이며 성질은 어떠한지, 외모는 어떠하며 어디에 사는 사람인지를 알기 전에는 화살을 뽑지 않겠소. 그리고 그 활이 큰 것인지 작은 것인지, 무슨 재질로 만든 것인지, 활줄을 등넝쿨로 만든 것인지 실인지 동물의 힘줄인지, 화살은 보통나무로 만들었는지 대나무인지, 화살촉은 쇠로 만든 것인지 송아지 이빨로 만든 것인지, 화살의 깃은 독수리털인지 닭털인지를 먼저 알아야겠소.'

만동자여, 독화살을 맞은 이가 이와 같이 고집한다면 어떻게 되겠느냐? 그는 그것을 알기도 전에 온몸에 독이 퍼져 죽고 말 것이다. 만동자여, 세계가 영원한가 무상한가 등을 알기 위해 나를 따라 수행한다면 그것은 옳지 않다. 세계가 영원하다거나 무상하다고 말하는 사람에게도 생로병사와 근심걱정은 있는 것이다. 나는 이러한 것들을 지금 없애게 하고자 법을 설하는 것이다.

또한 나는 세상의 무한함과 유한함, 죽음 뒤의 존재 유무에 대해 단정적으로 말하지 않는다. 왜냐하면 그들이 어떠한 견해를 가졌다 해도 맑고 깨끗한 수행이 되는 것이 아니요, 여전히 생로병사와 근심걱정을 면할 수 없기 때문이다.

만동자여, 나는 설해야 할 것은 설하지만, 설하지 않아야 할 것은 설하지 않는다.

무엇을 설하지 않는가? 네가 알고 싶어하는 것과 같은 문제들이다. 그 문제를 안다고 해도 이익될 것이 없나니, 맑고 깨끗한 수행을 위해서나, 번뇌를 없애고 뛰어난 지혜를 얻게 되거나, 깨달음을 얻어 열반에 들어가는 길이 되지 않기 때문이다.

무엇을 설하는가? 고성제와 집성제와 멸성제와 도성제의 사성제가 그것이다. 이 사성제의 가르침을 알면 능히 이익을 얻게 되나니, 맑고 깨끗한 수행과 뛰어난 지혜를 얻고 열반에 들어가는 길이 되기 때문이니라."

만동자는 부처님의 설법을 듣고 앞의 그릇된 소견들을 모두 놓아버렸으며, 비구들도 기뻐하면서 받들어 행하였습니다.   ─ 중아함 『전유경 箭喩經』

탐·진·치의 독화살을 맞아 생로병사의 고통과 근심걱정에 빠져 사는 중생! 그 중생에게 있어 가장 급한 일은 무엇입니까? 세계의 영원성이나 죽은 후의 문제를 아는 것이 다급한 일입니까? 무엇보다 다급한 것은 독화살을 뽑아 치료하는 일 입니다. 지금의 고통과 근심걱정에서 벗어나는 일 입니다.

과연 벗어나려면 어떻게 해야합니까? 무엇보다 먼저 선후를 알고, 근본을 잡아야 합니다. 무엇이 다급한 일인가? 무엇 때문에 고통스러워졌고 근심걱정에 빠져있는가를 알아야 합니다. 그 고통의 근원이 독화살이요, 독화살의 제거가 다급하다는 것을 분명히 아는 것이 중요합니다. 그리하여 독화살을 제거하고 치료하여 원래의 몸을 회복해 가져야 합니다.

엉뚱한 관심, 엉뚱한 호기심. 이것이 정견을 망치고 향상의 길로 나아가지 못하게 합니다. 만동자처럼 엉뚱한 관심사에 빠져들면 어느 하나 제대로 해결하기도 전에 죽음이 먼저 닥쳐 옵니다. 결국 만동자 비구는 죽음 이외의 어떠한 것도 얻지 못하게 되는 것입니다.

정견正見. 이제 우리는 내가 걸어야 할 길을 바로

보고 바로 정하여 올바로 나아가야 합니다. 그리고 스스로가 나아갈 길을 엉뚱한 곳에서 찾아서는 안 됩니다. 지금의 위치, 곧 '지금 이 자리'를 기준점으로 삼고, 지금 이 자리에 두 발을 굳건히 딛고 정립해야 합니다.

사업가라면 현재의 사업에 대한 정견을 갖추어야 하고, 성직자는 성직자가 걸어야 할 길에 대한 정견을 갖추어야 하며, 의사는 환자를 살리는 의사로서의 정견을 갖추어야 합니다. 부모의 자리에 있다면 자식을 잘 키우는 데 필요한 정견을 갖추어야 하고, 부부는 사랑에 대한 정견, 자녀는 올바른 효도법으로 정견을 삼아야 합니다.

뿐만이 아닙니다. 평소에 하는 기도에도 정견은 꼭 필요합니다. 막연히 매달려 기도를 할 것이 아니라, 목표와 환경에 맞게 기도 방법을 정하는 정견이 먼저 정립되어야 합니다. 만약 정견이 정립되지 않으면 조금 기도를 하다가 흔들리고, 만동자 비구처럼 엉뚱한 관심사에 휘말리게 됩니다.

실로 정견을 갖추면 흔들림 없이 나아갈 수 있습니다. 방황하거나 다른 길로 접어듦이 없이 나아갈 수 있습니다. 틀림없이 목표를 달성할 수 있습니다.

꼭 당부드리오니, 헛된 것이나 엉뚱한 것을 찾지 말고 정견부터 세우십시오. 나의 인생, 나의 가정, 나의 할 일, 나의 수행, 나의 기도에 이르기까지, 먼저 정견을 확립하십시오. 인因은 과果와 함께 합니다. 인즉시과因即是果이기 때문에, 정견의 인因을 심으면 자연히 해탈의 과果를 이룹니다.

정견의 끝은 행복입니다. 자유요 영광이요 평화입니다. 부디 모든 불자들이 정견을 잘 확립하여, 참으로 복되고 참으로 평화로운 삶을 지금 이 자리에서 영위하게 되기를 축원드립니다.

정사 正思

삼독을 떠난 정사

팔정도의 제1덕목인 정견正見을 갖춘 이라면 나머지 일곱 가지 덕목을 특별히 가르쳐 주지 않더라도 평화롭고 행복하고 환희롭게 살 수가 있습니다. 우주와 인생의 진리를 바로 볼 수만 있으면 '저절로' 바른 삶과 바른 수행과 바른 깨달음을 이루어낼 수 있기 때문입니다.

하지만 정견, 곧 온전한 지혜의 눈을 갖춘 이는 참으로 드뭅니다. 정견이 없기 때문에 시련의 길, 고난의 길, 불행의 길로 빠져듭니다. 그러므로 온전한 지혜의 눈을 갖추지 못한 우리는 '저절로'가 아니라

'애써' 닦아야 합니다. 삶의 현장을 수행의 도량으로 삼아 매순간을 닦아야 합니다.

그럼 삶의 현장에서 닦는다는 것이 무엇인가? 바르게 사는 것입니다. 매 순간, 일어나는 한 생각 한 생각을 바르게 다스리고 바른 말과 바른 행동을 해야 합니다. 이것이 팔정도의 정사·정어·정업이며, 불교에서 꼽는 기본적인 열 가지 선행〔十善〕을 실천하라는 가르침입니다.

먼저 10선과 정사·정어·정업을 연결시켜 봅시다.

일찍이 부처님께서는 정사에 대해 다음과 같이 정의를 내려주셨습니다.

어떤 것이 바른 생각인가? 탐욕을 뛰어넘은 생각, 성냄이 없는 생각, 삿되지 않은 생각이니라.
— 잡아함경 제28권

이 셋은 10선의 ⑧ ~ ⑩으로 몸[身]과 말[口]과 생각[意]의 삼업三業 중 생각과 관련된 것입니다. 말을 하고 행동하기 이전의 속생각을 바르게 가져야 한다는 가르침이 정사正思입니다. 곧 탐貪·진瞋·치癡라는 세 가지 독을 품은 생각[三毒心]을 뛰어넘고자 노력하라는 것입니다.

탐욕심 다스리기

삼독심의 우두머리는 탐욕貪欲이며, 탐하는 욕망으로는 재욕財欲·색욕色欲·식욕食欲·명예욕名譽欲·수면욕睡眠欲의 5욕을 기본으로 꼽고 있습니다.

인간의 근본 욕망인 이들 5욕五欲 가운데, 식욕과 수면욕은 가장 기본적인 것입니다. 이 둘은 생존을 위한 기본 욕구에 속하기 때문에 가르쳐 주지 않아도 저절로 행하게 됩니다. 갓 태어난 아기들도 배가 고프면 젖을 찾고 졸리면 잠에 빠져듭니다.

먹고 자는 기본적인 욕구가 충족되면 많은 재물을 소유하며 보다 풍요롭게 살고 싶어하고[財欲], 이성과 함께 즐기고 싶어하고[色欲], 출세를 하여 명예롭게 살기를 바랍니다[名譽欲].

그런데 이와 같은 욕망의 근원을 자세히 들여다보면, 모두가 '먹고 싶다·자고 싶다·갖고 싶다·되고 싶다'는 등의 '싶다'는 생각이 밑바닥에 깔려 있습니다. 먹고 싶고 자고 싶고 하고 싶고 되고 싶은 그것이 무엇입니까? 바로 '나'에게 맞다는 것입니다. 곧 '나'에게 맞기 때문에 욕심이 일어나는 것입니다.

그렇다고 하여 '싶다'고 하는 그 욕망을 무조건 나쁜 것으로 매도해 버릴 수는 없습니다. 배가 고픈 데도 먹고 싶다는 생각을 애써 지워버려야 하겠습니까? 부처님이 되고 싶고 남을 돕고 싶은 생각까지 욕심이라며 차단을 시켜서야 되겠습니까?

생존과 관련된 욕망은 없앨 수 없는 것이며, 오히려 좋은 의욕意欲은 잘 살려내어야 합니다. 문제는 탐貪에 있습니다. 탐욕은 지나친 욕심입니다. 남을 생각하지 않고 이기심으로 취하고자 하면 탐욕이 됩니다. 비록 의욕으로 시작하였을지라도 남을 배려하지 않고 자기 쪽으로 지나치게 끌어당기면 탐욕이 됩니다.

그런데 욕심이 지나치면 어떻게 됩니까? 남이 기만히 있지를 않습니다. 이 사회가, 이 법계가 그대로 두지를 않습니다. 사람이 떠나가고 사회가 질타를 하며, 이 우주에 충만되어 있는 행복과 해탈의 기운이 '나'에게로 다가오지 않고 등을 돌려 떠나버립니다.

그 결과, 괴로움과 불행만이 가득해질 뿐입니다. '나'에게 맞아 욕欲이 동했더라도 지나치게 탐하면, 몸 버리고 사람 버리고 집안을 망칠 뿐 아니라, 두고 두고 그 과보를 받아야 합니다. 이러한 결과를 좋아하는 이가 어디 있겠습니까?

그러므로 스스로의 욕망을 합리화시키지 말고, 적정한 선을 넘어 탐貪으로 빠져들지 않는가를 언제나 점검하고 살펴야 합니다. 진실로 탐욕을 벗어나 행복하게 살기를 바란다면, 편안히 분수대로 살고자 노력해야 합니다. 욕심대로 사는 것이 아니라 욕심을 줄이며 살아야 합니다. 욕심이 적으면 차츰 즐거워지고, 스스로 만족할 줄 알면 차츰 부富하고 귀貴하게 바뀌어 가기 마련입니다.

부디 스스로의 욕구를 잘 점검해 보십시오. 그리고 그 욕구가 일정 수준을 넘어섰다고 느껴지면 그 욕구를 일단 놓아버리십시오. 조금 넘어섰다는 것을 느낄 수 있으면 놓아버리기도 능히 할 수 있습니다.

나아가 비워버린 탐욕의 자리를 자비심으로 채우면 온전한 정사正思를 이루게 되고, 정사를 이루게 되면 마음의 먹구름이 저절로 걷히면서 맑은 하늘의 행복과 자유를 넉넉히 누릴 수 있게 되는 것입니다.

진에를 돌아보면 평화로움이

삼독심의 두 번째인 진에瞋恚는 '나'에게 맞지 않는 일들이 생겨날 때 일어납니다. '나'의 욕심이 충족되지 않고 원하는 바대로 되지 않을 때 일어나는 짜증이나 신경질, 그리고 불끈 일어나는 분노, 증오심·시기심·질투심, 수렁에 빠지는 듯한 비탄감과 우울증 모두가 진에에 속합니다.

이 진에는 여름날 푸른 하늘을 일순간에 덮어버리는 먹구름과 같고, 일순간에 모든 재산을 태워버리는 화마火魔와도 같습니다. 뿐만이 아닙니다. 화를 내고 짜증을 부리고 신경질을 낼 때 속에서는 독심毒心이 일어납니다. 그 강렬한 독기는 온몸 구석구석까지 퍼져나가 손발과 얼굴을 붓게 만들고, 더 심하면 몹쓸 병을 불러 일으키기도 합니다.

실로 진에심의 독기는 무섭기 그지없습니다. 그 독기는 수행을 가로막고 행복을 차단하는 정도를 넘어서서, 나와 남의 목숨을 노릴 뿐 아니라 스스로를 칼산지옥·불지옥 속에 가두어 버립니다.

그러므로 화·짜증·신경질·증오심·시기심·질투

심·비탄감·우울증 등의 진에가 일어날 때마다 스스로의 마음을 다스리고 또 다스려 독기를 뿜어내지 않도록 해야 합니다. 염불을 하거나 참선을 하거나 노래를 하거나 운동을 하면서라도 풀어야 합니다.

 그렇게 하여도 잘 풀리지 않는다면 '나'만을 사랑하는 강한 이기심을 발동시키고, 진에 때문에 받게 될 앞날의 인과응보를 생각하면서라도 풀어야 합니다.

 '아, 나를 망치는 진에가 또 일어났구나. 내 어찌 이 진에에 속아 지옥 중생이 되리!'

 어떻게 하든 진에의 독기는 풀어야 합니다. 그 독기가 사라지지 않으면 행복과 평화는 결코 나에게 깃들지 않습니다. 진에! 이것 이상으로 수행과 인생살이에 방해가 되는 것은 없습니다. 하지만 가만히 되돌아 보십시오. 진에의 실체가 어떠한 것인지를 ….

 옛날, 한 젊은이가 반규盤珪선사를 찾아와 뵙고 하소연을 하였습니다.

 "스님, 저는 원래부터 성질이 급하고 거친 편인데,

화가 나면 이성을 잃고 난폭한 행동을 저지릅니다. 스님, 저의 이 못된 성질을 제발 좀 고쳐 주십시오."

"자네는 참으로 묘한 것을 가지고 있네 그려. 그 성질이 어떻게 생긴 것인지 매우 궁금하구먼. 나에게 한 번 보여주게나."

"스님, 지금 어떻게 그 성질을 보여드릴 수 있습니까?"

"그래? 그럼 언제 보여줄 수 있는가?"

"그 성질은 제 자신도 모르는 사이에 불쑥 치솟는 걸요?"

"그렇다면 그 성질은 자네의 진짜 성질이 아니지 않는가? 진짜 성질이라면 언제든지 나타낼 수 있는 법! 이에 대해 잘 생각해 보게나."

 젊은이는 스님의 가르침에 따라 스스로가 내뿜는 진에의 참 모습에 대해 깊이 되돌아 보았고, 그 뒤로는 급하고 거칠고 툭하면 화를 내는 가짜 성질로부터 완전히 벗어나게 되었습니다.

§

 이 이야기를 통하여 알 수 있듯이, 진에는 '나'에

대한 사랑, '나'의 뜻에 맞지 않을 때 불끈 일어나는 것일 뿐, 고유한 실체가 있는 것이 아닙니다. 그러므로 진에를 극복하려면 '나'의 마음대로 되고 '나'의 뜻대로 되기를 바랄 것이 아니라, 진에가 일어날 때마다 무엇 때문에 치솟았는지를 돌아보고 자꾸자꾸 반성을 해야 합니다.

'또 나에게 맞지 않는 일이 생겼군. 또 마음의 평화를 잃었어. 다음부터는 조심해야지.'

이렇게 마음으로 미소를 지으며 스스로를 반성하고 새로운 의욕을 북돋우면, 진에심이 오히려 선정력 禪定力을 키워주고 평화로움이 깃들게 만듭니다.

이제 우리는 분명히 알 수 있을 것입니다. 진에심을 떠난 정사正思가 고요하고 평화로운 마음의 상태에서 생각하고 결정하라는 가르침임을 ….

무엇이 어리석은 생각인가?

삼독의 세 번째인 치심癡心, 곧 우치愚癡를 흔히들 '어리석음'이라고 번역합니다. 왜 '어리석음'이라고 번역하였는가? 지혜롭게, 현명하게 살지 못한다는 것입니다. '어떻게 살 것인가? 무엇을 위하여 살 것인가?'를 정립하지 못한 채 분별망상 속에 빠져 살기 때문에 어리석다는 것입니다.

우리는 이 세상을 살아가면서 좋고 궂고, 옳고 그르고, 아름답고 추하고, 맞고 어긋나고를 끊임없이 분별하며 살아갑니다. 지금 내가 진정으로 해야 할 바가 무엇인가를 잊은 채, 공연히 이 일 저 일에 관심을 갖고 시비를 논하며 살아가는 이들이 많습니다.

하지만 이와 같은 분별과 시비는 '나'의 행복과 평화에 조그마한 도움도 되지를 못합니다. 오히려 분별망상은 우리를 그냥 두지 않습니다. 들뜨고 소란스럽고 산란하게 만듭니다. 나아가 세상사를 분별하고 시비를 논하며 살다보면, 우리의 일은 끝이 없어지고, 안정을 얻지 못한 채 끝없이 비틀거리며 살아가게 되는 것입니다.

이와 같은 삶을 부처님께서는 유전流轉이라고 하였습니다. 흐름 따라 굴러가는 삶이라는 것입니다. '무엇을 위해 어떻게 살겠다'는 중심을 갖지 못하기 때문에 바깥 경계를 좇아 정신없이 흘러가다가 죽는다는 것입니다.

그럼 이와 같은 인생의 책임은 누구에게 있습니까? 신이 책임을 져야 합니까? 부처님이 책임자입니까? 부모님이 내 인생의 책임자입니까? 과연 지금의 내가 받고 있는 이 고난과 행복의 책임은 누구에게 있습니까?

요즘같이 살기가 어렵고 힘든 때가 되면 많은 사람들이 국가와 사회와 정치가를 탓합니다. 그럼 스스로가 행복하고 평안하다고 느낄 때에도 그 잘된 탓을 국가와 사회와 정치가에게 돌립니까? 거의가 그렇게 하지 않습니다. 잘되면 내 탓이요, 잘못되면 남을 탓하는 이것이 바로 중생의 어리석음입니다.

'나'의 삶에 대한 책임은 오직 '나'에게 있을 뿐입니다. 내가 잘 살지 못한다면, '나'의 분별망상이 '나'를 흔들어 무상한 이 세상의 삶을 살게끔 만든 것입니다.

우리가 살고 있는 이 세상의 흐름 또한 마찬가지입니다. 누가 지금과 같은 세상의 흐름을 만들어낸 것인가? 바로 중생의 어리석음이 만들어낸 것입니다. 중생의 끝없는 번뇌가 만들어낸 것이 세상의 일이기에 세상의 일은 끝이 없고, 중생들은 그 일을 쉽게 놓아버리지 못하는 것입니다.

이 치심은 탐심이나 진심과는 달리 뚜렷한 모습을 잘 나타내지 않습니다. 오히려 잔꾀를 부려 우리를 더욱 이기적인 존재로 만들어 버립니다.

예를 들어, 평소에 '돈을 벌면 멋있게 보시를 하리라' 결심을 했던 사람도, 돈을 벌고 나면 '이 돈을 한 번 더 굴려서 큰 돈으로 만든 다음 보시를 해야지' 하는 경우가 대부분입니다.

이처럼 치심의 일종인 이기심利己心은 간사하기 그지없어서, 적당히 '이것만 하고 ~을 해야지' 하고 결심을 하여서는 이 이기심을 당해내지 못합니다.

그러므로 진실로 치심을 다스리고자 한다면 '이것만 하고'가 아니라 당장 시작해야 합니다. 지금 이 자리에서 이기심을 좇아 일어나는 분별망상을 바로 잠재우기 시작해야 합니다.

망상 따라 유전流轉하는 삶을 살지 말고, 본분本分으로 돌아가고 근원으로 되돌아가는 환멸還滅의 삶을 살아야 합니다. 그래야만 어리석은 인생살이에서 벗어날 수 있습니다.

무엇보다 먼저 지금 이 자리에서, '무엇을 위하여 어떻게 살 것인가'를 다시금 확립하여 원願을 세우고, 그 원성취를 목표로 삼아 정진을 해야 합니다.

원과 정진을 통하여, 가만히 있는 것을 공연히 뒤흔들어 참모습을 가려버리는, 분별망상이라는 어리석음을 잠재워야 합니다. 잠재우면 저절로 본분의 자리로 돌아가 행복과 평화와 자유를 만끽할 수 있습니다.

하지만 분별망상이라는 어리석음을 방치하여 들뜬 상태로 살게 되면 모든 것에 대한 의심이 샘솟습니다. 의심! '치癡' 자를 자세히 살펴보십시오.

'병 질疾 + 의심 의疑'

마음에 의심의 병이 든 것이 치심癡心입니다.

의심은 믿음을 사라지게 하며, 믿음이 사라지면 그때부터 인간은 괴롭습니다. 방황하기 시작하는 것입니다. 불자라면 마땅히 부처님과 법에 대한 확고한 믿음 속에 살아야 하는데, 분별망상으로 의심하기 시작하면 고해를 벗어나는 공부를 할 수가 없습니다.

세속의 일도 마찬가지입니다. 분별망상으로 부부가 서로를 의심하고 믿지 못하면 차츰 사랑이 사라져 갈라서게 되고, 자기 스스로를 스스로가 믿지 못하게 되면 마침내는 인생을 자포자기하게 됩니다.

결국 분별망상 속에서 스스로가 일으키는 의심은 스스로와 남을 방황하게 하고 불행하게 만들어 버립니다. 굳게 믿고 갈등하지 않으면 아무런 일도 없을 것을, '생각하는 대로 존재하는' 인간은 뿌리도 없는 의심에 사로잡혀 불행 속으로 빠져드는 것입니다.

이제 의심으로 병든 생각, 곧 치심을 내려놓으십시오. 마땅히 불자라면 굳건한 신심으로 부처님을 믿고 불법을 믿어야 합니다. 의심 없이 굳건히 믿으면 부처님과 법 속에서 분별망상이 사라지고, 치심 또한 지혜광명으로 바뀌게 되는 것입니다.

반대로 분별망상과 믿음이 없는 삶을 계속하게 되면 의욕을 상실하여 무기력하고 흐리멍텅한 상태에 깊이깊이 빠져들어 헤어나지를 못하게 됩니다. 무기력하고 흐리멍텅한 상태! 이것이 우치심의 극치입니다.

　부처님께서는 결코 흐리멍텅한 상태에 빠져 살아서는 안 된다고 하셨습니다. 흐리멍텅한 상태에 빠져서 살면 자기 한 몸의 구제는커녕 게으름과 자포자기만 키우게 되기 때문입니다.

　누구든 실로 탐욕과 진에에 빠지고 분별망상에 사로잡혀 본분을 잃고 사는 사람은 노력없이 되는 대로 사는 경우가 많습니다. 원만·성취·진실을 향한 향상의 길로 나아가겠다는 의지마저 팽개친 채, 지난 세월동안 지어놓은 복만을 까먹으며 사는 것입니다.

　결국 복이 다하면 어떻게 됩니까? 불행이 엄습해 오고, 그 동안의 타락된 삶은 지옥을 만들어 스스로를 칠흑같이 어두운 땅 속의 감옥에 가두어버리는 것입니다.

　이제 우리는 깨어나야 합니다. 치심에서 깨어나 맑은 정신으로 지혜롭게 살아야 합니다. 술에 취한 듯, 환각상태에 빠진 듯 몽롱하게 살아서는 안 됩니다. 더욱이 불법공부를 하는 불자는 또렷또렷함을 생명으로 삼아야 합니다. 어느 때나 정신을 집중하여 또렷또렷하게 깨어나고자 노력해야 합니다. 일어나는 탐욕과 진에를 깨닫고 자신도 모르게 빠져드는 어리석음으로부터 깨어나고자 노력해야 합니다.

　우리는 이와 같은 노력 자체가 불법수행이라는 것을 잊어서는 안 됩니다. 나아가 탐욕과 진에와 우치 쪽으로 흘러가는 생각들을 거두어 자비 보시를 생각하고, 평화로운 선정을 추구하고, 지혜의 광명을 나타내는 방법이 무엇인지를 사색해야 합니다. 그것이 팔정도의 제2덕목인 정사正思의 최종 목표라는 것을 꼭 기억하시기 바랍니다.

한 생각의 전환이 인생을 바꾼다

이제 나의 스승이신 경봉鏡峰노스님께서 즐겨 들려주시던 이야기 한 편을 함께 음미하면서, 정사正思의 가르침을 다시금 되새겨보고자 합니다.

❀

옛날 경주에 정만서鄭萬瑞라는 이가 살았습니다. 어느 때 그는 한양으로 가다가 노자가 떨어졌고, 덕분에 한 이틀을 굶게 되자 눈이 쑥 들어가면서 걸을 기운마저 없게 되었습니다. 주막으로 들어가 소의 불알을 삶아서 달아 놓은 것을 보고는 모든 체면을 다 내팽개치고 '썰어 달라'고 하여, 술안주 삼아 배불리 먹었습니다.

그러나 돈이 없었던 정만서에게는 그 다음이 문제였습니다. 술과 음식을 먹으러 오는 손님들로 자리가 가득 차기 시작했지만, 값을 치를 수 없었던 정만서는 자리를 뜰 수가 없었습니다. 마침내 참다 못한 주모가 다가왔습니다.

"이보시오. 이제 그만 회계를 대고, 다른 손님들에

게 자리를 양보하시오."

"주모, 사실은 나에게 돈이 없소."

"무어라? 돈도 없이 술과 안주를 먹었단 말이오? 어림없소. 빨리 회계를 대시오."

주모가 사납게 다그치자, 정만서가 말했습니다.

"주모, 암소 잡은 요량하소. 암소 잡은 요량 …."

불알이 없는 암소를 잡은 셈 치고 돈을 받지 말라는 것이었습니다.

마침내 승강이가 길어지자 뒷방에 누워있던 주모의 남편도 그 소리를 듣게 되었습니다.

'소의 불알을 먹고는 암소 잡은 요량하라니? 세상에! 술장사 30년에 저런 놈은 처음일세.'

뒷방에서 나온 남편이 눈알을 부라리며 그 자리에 끼어들자, 정만서는 남편에게 인사를 나누자며 자기소개를 하였습니다. 알고보니 그는 천하의 정만서가 아닌가. 술값을 받을 상대가 아니라는 것을 알고 있었던 남편은 도리어 청했습니다.

"고기값 대신에 소리나 한 번 해보시오."

정만서는 온갖 장기자랑을 다 펼치며 노래를 부르고 춤을 추었습니다. 그러자 길을 가던 사람들이 모두 모여들어 그 주막의 술과 안주는 순식간에 동이 났습니다.

§

이 이야기를 들려주신 다음 경봉 노스님께서는 말씀하셨습니다.

세속에서 머리가 아프고 가슴이 답답해 죽겠다고 하는 것은 모두가 물질 아니면 사람 때문이다. 물질과 사람으로 인해 걱정을 한다. 그런데 부모 태중에서 나올 때 사람이나 물질을 안고 태어난 이가 있는가? 모두가 빈 손으로 왔다가 빈 손으로 가는 것이 우리네 인생살이 아닌가?

누구든지 사람과 물질에 걸려서 가슴이 답답하고 머리가 아플 때는 '암소 잡은 요량' 할 줄을 알아야 한다. 한 생각을 바꾸어 암소를 잡은 셈 치면 막혔던 문제들이 확 풀린다.

한 생각 비우고 생생한 산 정신으로 임하면 '절후絶後에 갱생更生이라', 길이 끊어진 곳에서 다시 사는 수가 있으니, 근심걱정 하지 말고, 한 생각 바꾸어 이 사바세계를 무대로 삼아 연극 한바탕 멋지게 해야 한다.

나는 경봉스님의 이 말씀을 근심걱정이 다가올 때마다 떠올립니다. 그리고 곧바로 스스로의 생각을 바꿉니다. 병들고 죽어가는 생각인 근심 걱정을 버리고 참회하면서, 명랑하고 낙천적인 생각으로 바꾸는 것입니다. 이렇게 한 생각을 바꾸면 참으로 묘하게도 새로운 생기가 동하고 일이 잘 풀려나갑니다.

부디 잊지 마십시오. 한 생각 바르게 가지면 행복한 극락의 문이 열리고, 삿된 한 생각에 사로잡히면 고난의 지옥문이 열립니다. 극락이냐, 지옥이냐? 행복이냐, 고난이냐? 이것은 오로지 '나'의 한 생각에 달려 있습니다.

그러므로 모름지기 한 생각을 잘 단속해야 합니다. '나'의 한 생각이 탐욕과 진에와 우치에 빠져들지 않도록 잘 단속해야 합니다. 나의 한 생각 한 생각을 바르게 가져, 극락과 해탈의 문을 열어야 합니다. 맑은 생각·순수한 생각·넉넉한 생각·깊이 있는 생각·남을 위하는 생각 등의 정사正思를 통하여 ….

정어 正語

구업口業을 단속하는 바른 말

 말은 우리의 마음과 입과 몸으로 짓는 삼업三業 중 생각과 행동 사이에 놓여 있습니다.
 인간은 무수한 생각을 하며 살아갑니다. '나'와 직접 관련이 있는 생각만이 아니라, 전혀 하지 않아도 되는 망상과 공상들까지 끊임없이 일으킵니다. 물론 수많은 생각의 대부분은 그냥 사라지지만, 일부는 자기 표현의 수단인 '말'로 표출이 되고, 그 표출된 말이 뜻하지 않게 비화가 되는 경우를 우리는 종종 경험하게 됩니다.
 그러나 별 생각 없이 한 말일지라도 일단 내뱉고

나면 그 말을 주워 담을 수 없을 뿐 아니라, 그 말에 대한 책임을 져야 하고, 책임을 지기 위해서는 많은 노력을 기울여야 합니다.

뿐만이 아닙니다. '나'의 말 한 마디가 상대방의 마음에 못을 박게 되면 그 과보는 참으로 크게 돌아옵니다. 그래서 부처님께서는 생각 따라 감정 따라 함부로 말을 하지 말고, 정어正語를 할 것을 여러 가르침을 통하여 거듭거듭 강조를 하신 것입니다. 그럼 부처님께서는 정어正語를 어떻게 정의하셨는가?

정어란 거짓말을 떠남이요, 이간질이나 중상모략 하는 말을 떠남이요, 욕이나 거친 말을 떠남이며, 잡되고 무의미한 말을 떠난 말이니라. － 사제분별경

이 정의는 앞에서 열거한 10선十善 중 ④ 거짓말을 하지 않고〔不妄語〕, ⑤ 이간질을 하지 않고〔不兩舌〕, ⑥ 욕설이나 악담을 하지 않고〔不惡口〕, ⑦ 꾸며낸 말을 하지 않는다〔不綺語〕와 그대로 일치를 합니다.

이제 이 망어·양설·악구·기어에 대해 간략히 살펴보도록 합시다.

불망어不妄語는 진실어眞實語

정어가 아닌 첫 번째 삿된 말은 망어妄語이며, 이 망어를 우리말로 바꾸면 '거짓말'입니다.

거짓말이 무엇인가? 사실이 아닌 것, 진실이 아닌 것을 사실처럼 진실처럼 꾸며서 남을 속이는 말입니다. 곧 거짓말은 진실되지 않은 마음, 헛되고 거짓으로 가득찬 마음에서 나오는 말입니다.

그럼 거짓말을 하게 되면 누구를 가장 먼저 속이게 되는가? 자신을 먼저 속입니다. 반드시 자신을 먼저 속인 다음 다른 사람을 속이게 됩니다.

남을 속이기 이전에 스스로의 진실을 깨뜨리고, 스스로의 진실을 저버리기 때문에 참된 삶을 이룰 수가 없고 진실한 도를 이룰 수가 없습니다. 무슨 까닭인가? 삶과 도는 진실을 근본으로 삼고 있기 때문입니다.

실로 거짓말은 정도正道의 삶에 큰 장애가 될 뿐 아니라, 거짓말을 자주 하면 믿음을 잃게 되고 비방을 받으며 근심걱정이 끊이지 않게 됩니다. 또한 사소한 거짓말을 예사로 하다보면 큰 거짓말도 서슴없이 할 수 있게 되고, 큰 거짓말이 능해지면 지옥의 문이 활짝 열리게 되는 것입니다.

절대로 하여서는 안 될 큰 거짓말. 이를 불교에서는 **대망어**大妄語라고 합니다. 어떤 것이 큰 거짓말인가? 사람들의 공경과 공양을 받기 위해 '나는 도를 깨달았다', '나는 불보살의 후신이다', '나는 큰 신통력을 얻었다' 는 등 성인을 자처하는 경우입니다.

이러한 대망어를 범하면 어느 누구를 막론하고 불교집안에서 영원히 추방하도록 계율로 제정해 놓았습니다. 왜냐하면 이와 같은 대망어는 깨달음을 포기하는 바라이죄波羅夷罪에 해당하기 때문입니다.

우리는 깨달음의 도를 추구하는 불자입니다. 그러므로 진리와 도에 관한한 절대로 거짓말을 하여서는 안 됩니다. 스스로가 그렇지 않은 줄을 분명히 알면서 '나는 높은 도의 경지에 이르렀다', '도를 통했다'고 하거나, 남을 시켜 글을 쓰는 등의 간접적인 방법을 동원하여 깨달음을 얻은 것처럼 선전하여서는 안 됩니다.

불도를 닦는 사람은 그 무엇보다 스스로가 이룬 공부의 경지에 대해 담백하여야 합니다. 대망어를 범하여 '나'의 바른 수행을 막고 다른 사람까지 미혹에 빠뜨리는 일만은 그만두어야 합니다. 깨달음의 싹을 자르는 것이 대망어이기에, 이 대망어를 '지옥에 떨어지게 되는 바라이죄로 규정하게 되었다'는 것을 꼭 명심하시기 바랍니다.

이 대망어에 비해 **소망어**小妄語는 참회를 하면 죄가 소멸되는 일반적인 거짓말입니다. 곧 보고 듣고 행하고 아는 것을 보지 못했고 듣지 못했고 행하지 않았고 알지 못한다고 하거나, 보지 않고 듣지 않고 행하지 않고 모르는 것에 대해 보고 듣고 행하였고 안다고 하는 등의 일반적인 거짓말이 소망어입니다.

하지만 '나'의 소망어로 인해 남의 재산을 잃게 하거나 무고한 사람이 죽게 되는 경우에는 단순한 참회로 죄가 소멸되지 않는 중죄重罪로 취급된다는 것을 기억해야 합니다.

실로 한평생을 살면서 거짓말을 한 번도 하지 않고 사는 사람은 거의 없을 것입니다. 아주 가벼운 거짓말, 불가피한 거짓말, 상대방에게 전혀 피해를 주지 않는 거짓말은 하지 않을 수가 없습니다. 경우에 따라서는 반드시 거짓말을 해야할 경우도 있고, 거짓말을 하지 않으면 도리어 잘못된 결과를 불러일으키는 경우도 있습니다.

예컨대 '갑'이라는 사람이 '을'에 대해 험담을 하는 것을 들은 '병'이 을을 찾아가 갑이 한 험담을 그대로 전달한다면, 갑과 을 사이에는 불화가 생기고 바람직하지 않은 상황이 벌어질 것입니다. 이러한 때에는 부득이 두 사람을 화합시키는 쪽으로 거짓말을 해야 합니다.

더욱이 바른 말을 함으로써 선량하고 무고한 사람이 큰 피해를 입거나 수많은 생명이 살상을 당하는 경우에 처한다면 오히려 거짓말을 하여서라도 저들을 구해주어야만 합니다.

이러한 경우의 거짓말을 부처님께서는 **여망어**餘妄語, 곧 '여유 있는 망어'라 하셨고, 이 "여망어는 죄가 되지 않는다."고 하셨습니다.

방편으로 살짝 거짓말을 함으로써 서로를 살리고 더 좋은 결과를 가져오게 하는 여망어가 어찌 그릇된 말이겠습니까? 오히려 넉넉하고 자비로운 마음이 없으면 여망어를 할 수가 없습니다.

  이제 우리는 필요에 따라 여망어를 할 줄 아는 불자, 소망어를 범했으면 참회를 할 줄 아는 불자, 대망어는 절대로 하지 않는 불자가 되어야 할 것입니다.

불양설不兩舌은 화합어和合語

정어가 아닌 두 번째 삿된 말은 양설입니다.

양설兩舌은 '두 개의 혀를 가졌다'는 것으로, 이 사람에게는 이렇게 말하고 저 사람에게는 저렇게 말함으로써 둘 사이를 이간시키고 서로 다투게 하는 것입니다. 요컨대 불양설은 나쁜 마음을 일으켜 다른 사람을 비방하고 중상하는 것과, 두 사람 사이를 이간시키는 말을 경계하고 제지하는 가르침입니다.

혀가 하나뿐인 인간이 공연히 두 개의 혀가 있는 듯이 두 말을 하게 되면 화합이 깨어지고, 화합이 깨어지면 평화가 깨어지며, 평화가 깨어지면 '나' 또한 지옥과 같은 상황 속에서 살 수밖에 없습니다.

모름지기 불자의 바른 말〔正語〕은 화합어和合語입니다. 오히려 서로 다투는 이가 있으면 두 사람의 말을 화합시켜 서로가 자비로운 마음으로 대하게 만들어야 하거늘, 어찌 양설로써 평지에 풍파를 일으킬 것입니까?

양설로 싸움을 붙인다고 하여 '나'에게 돌아오는 것이 무엇입니까? 결국은 비방밖에 돌아오지 않고,

쌓이는 것은 죄업뿐입니다. 그러므로 우리는 양설이 아니라 시비를 잠재우는 말을 하여 서로를 화합시켜야 합니다. 차라리 화합을 시키지 못할 바에는 '모른다' 면서 침묵을 하는 편이 낫습니다.

❧

 옛날 어느 큰스님이 세 명의 상좌를 데리고 있었는데, 셋 가운데 둘은 서로 뜻이 맞지 않아 싸우기를 그치지 않았습니다. 어느 날 두 상좌는 한바탕 큰 언쟁을 벌였습니다. 그리고 나서 진 사람이 큰스님을 찾아와 통사정을 하였습니다.
 "그래, 네 말이 옳구나."
 진 사람이 가고 나자 이번에는 이긴 사람이 와서 자초지종을 이야기하였습니다.
 "그래, 네 말도 옳구나."
 옆에 있던 제3의 상좌는 분명하지 않은 큰스님의 태도에 불만을 품고 여쭈었습니다.
 "스님께서 이 말도 옳다 하시고 저 말도 옳다 하시니, 누구의 말이 진짜로 옳은지를 알 수가 없습니다."

"음, 네 말도 옳구나."

마침내 스님은 세 상좌를 모두 불러 한 편의 게송偈頌으로 그들을 깨우쳤습니다.

시시비비를 다 관계할 것 무엇인가
산은 산 물은 물 스스로 한가롭네
극락 가는 길 어디냐고 묻지 말지니
흰 구름 사라진 곳 바로 청산이니라

是是非非都不關 시시비비도불관
山山水水任自閑 산산수수임자한
莫問西天安養路 막문서천안양로
白雲斷處是靑山 백운단처시청산

이 게송은 옳고 그르다는 시시비비를 모두 떠날 때 참된 도가 저절로 찾아든다는 가르침을 담고 있습니다. 시비를 가리고 나와 남, 이쪽과 저쪽을 분별하는 마음, 바로 이 마음이 중생심衆生心입니다. 중생심으로 바깥의 여섯 티끌[六塵]을 좇아 부산하게 살아가는 이상에는 정도正道로써 살 수가 없습니다.

양설兩舌! 팔정도의 삶을 사는 부처님의 제자는 절대로 시시비비의 주체가 되는 양설을 범하여서는 안 됩니다. '나 잘났다'고 두 혀를 내두르고, '나'의 이익을 위해 두 말을 하여서는 안 됩니다. 결국은 손해를 볼 뿐이요, '나'만 못난 인간이 될 뿐입니다.

모름지기 불자는 두 가지 말로써 사람들을 이간시키지 말아야 합니다. 남을 칭찬만 할지라도 공부를 온전히 이루기 어려운데, 두 혀를 놀려 남을 이간시켜서야 언제 해탈을 구할 수 있겠습니까? 마땅히 불양설不兩舌, 곧 화합의 언어를 구사하며 서로를 살려야 할 것이요, 그 화합의 언어야말로 정도正道요 공덕무량功德無量이라는 것을 잘 기억하시기 바랍니다.

악구惡口 대신 축원을

정어가 아닌 세 번째 삿된 말은 악구惡口입니다.

악구는 추악한 말입니다. 욕·저주·희롱하는 말 등이 악구이며, 이러한 악구는 상대로 하여금 견디기 힘든 모욕감을 느끼게 합니다.

그런데 왜 이와 같은 나쁜 말을 하는 것일까? 바로 내 마음에 들지 않기 때문에, 마음과 같이 되지 않기 때문에, '나'의 마음속에 증오·분노·시기·질투가 들끓기 때문에, 마음의 평정을 잃었기 때문에 악구를 내뱉게 되는 것입니다. 바꾸어 말하면 삼독심 중 진심瞋心의 표출이 악구인 것입니다.

물론 어떤 사람은 말을 할 것입니다.

"화가 나는데 어떻게 해? 욕이라도 해야지."

그러나 이 악구가 '나'의 속을 독기로 채우고 상대에게 독을 뿜는 일이라는 것, 진심을 품고 악구를 내뱉게 되면 악구가 상대의 가슴에 못이 되어 박히게 되고, 그 결과 반드시 앙갚음이 돌아온다는 것을 모르지는 않을 것입니다.

이 악구가 나쁘다는 것은 누구나 다 알고 있으므로

자세히 설명을 하지 않겠습니다. 다만 악구를 이야기할 때 흔히들 놓치게 되는 **비방**誹謗과 무심코 내뱉는 **악담**惡談에 대해 잠시 언급 하겠습니다. 비방과 악담도 불교에서 매우 심도있게 강조하고 있는 악구이기 때문입니다.

우리 불자들이 많이 받는 보살계菩薩戒는 십중대계十重大戒와 48경계輕戒로 나뉘어져 있으며, 하나라도 범하게 되면 보살의 삶을 포기하는 것으로 간주하는 십중대계 속에는 **비방**과 관련된 계가 세 가지나 있습니다.

· 제7중계 : 스스로를 높이고자 다른 사람을 비방함
　　　　　〔自讚毁他 자찬훼타〕
· 제8중계 : 자기 것을 아끼고자 남을 비방함
　　　　　〔慳惜加毁 가석가훼〕
· 제10중계 : 삼보를 비방함〔謗三寶 방삼보〕

이 중 제10의 '삼보를 비방하지 말라'는 것은 불자로서 너무나 당연히 지켜야 할 계이지만, 제7중계와

제8중계는 스스로도 의식하지 못하는 사이에 범하는 경우가 종종 있습니다.

나의 것과 내 사람을 아끼기 위해 다른 사람을 비방하고, 나를 높이 보이게 하기 위해 남을 헐뜯는 것은 단순한 거짓말이나 욕설보다도 더 나쁜 말입니다.

특히 스스로를 높이기 위해 남을 비방하는 자찬훼타自讚毁他! 신라의 원효대사는 정도를 걷는 불자들이 이것만은 결코 범하지 말아야 한다며 이 자찬훼타계를 가장 강조하였습니다.

다른 사람을 비방하여 깎아내림으로써 자신에게 명리가 돌아오도록 조작하는 것은 청정한 본심을 어기는 추악하기 그지없는 행위로, 단순한 욕심과 분노심으로 짓게 되는 허물과는 그 죄의 질이 비교될 수조차 없는 것입니다.

남을 비방하면서까지 자신을 추켜세우려는 이 자찬훼타의 저변에는 강한 탐심과 명예욕이 깃들어 있으며, 남의 위에 군림하고자 하는 허황된 과대망상이 숨겨져 있기 마련입니다.

자기의 수행과 도력이 남보다 훌륭할지라도 스스로 겸양하고 하심下心할 줄 아는 것이 불자의 도리인

데, 하물며 부처를 이루는 바른 도를 실천하는 사람이 남의 윗자리나 넘보고, 자신의 덕을 과장하기 위해 남을 비방하고 깎아 내려서야 되겠습니까?

만약 자기의 수행과 능력이 부족한 이가 권모술수를 동원하여 남의 덕을 헐뜯거나, 다른 사람의 공덕을 자신에게로 돌려 스스로를 위대하게 만들고 명리를 취하였다고 합시다. 그는 곧 남을 희생시키는 살생죄를 범한 것이고, 남의 자리를 도둑질한 것이며, 허물이 없는 사람을 허물이 있는 사람으로 만들고 자신에게 없는 도력을 있는 것으로 꾸민 것이니 대망어죄까지 함께 저지른 것이 됩니다.

정녕 불자의 수행에 조그마한 도움조차 되지 않는 자찬훼타의 허물을 불자 스스로가 짓는 것이야말로 장차 부처가 될 수 있는 길을 포기하는 어리석은 행위이니만큼, 절대로 자찬훼타의 악구만은 범하지 말아야 합니다.

자기를 높이고 싶으면 그냥 자기 선전을 해야지, 남을 비방하고 올라서서는 안 됩니다. 자기 것이 아까우면 그냥 주지 않으면 그만인데, 남을 욕하거나 헐뜯으면서까지 아낄 까닭이 무엇입니까? 헛된 비방! 그것이 우리를 삼악도三惡道로 밀어 넣는다는 것을 깊이 새겨야 할 것입니다.

이제 우리가 일상생활 속에서 자주 쓰는 말 중에서 얼른 듣기에는 나쁜 말이 아니지만 결과적으로 **악담**惡談이 되는 말에 대해 함께 생각해 봅시다. 이러한 악담은 타인보다는 부모·자식 사이에 적용되는 경우가 많습니다.

부모들은 흔히 자식이 심하게 애를 먹이거나 자식으로부터 섭섭한 일을 당하였을 때 '너도 나중에' 라는 식의 말을 은근슬쩍 잘 합니다.

"너도 나중에 자식을 키워보면 내 심정을 알게 된다."

"너도 어른이 되어 봐라. 나처럼 될 게다."

이러한 말들도 악담에 속합니다. 왜 악담인가? 바로 이 말 속에, '너도 나처럼 자식에게 섭섭함을 느끼고 마음 고생을 해보라' 는 원망과 저주스런 마음이 깃들어 있기 때문입니다.

물론 '내가 너를 어떻게 낳고 길렀는데 이렇게 말을 듣지 않느냐' 고 하는 섭섭한 생각 때문에 이러한 말을 내뱉게 됩니다. 그리고 자식에게 쏟은 정성을 놓고 본다면 이 정도의 말이 어찌 허물이 될 수 있겠습니까?

그러나 이러한 말을 자주 내뱉는 것 자체가 구업口業이 됩니다. 곧 나쁜 '인연의 씨를 뿌리는 것과 같습니다. 나쁜 씨를 뿌리면 나쁜 결실을 거둘 수밖에 없듯이, 우리의 자녀들이 부모가 되었을 때 우리가 한 말대로 살게 되는 것입니다.

그렇게 되면 우리의 자녀들도 또다시 자식 때문에 고통을 받게 되고, 그 불행을 지켜보는 우리들도 가슴앓이를 하는 과보를 받게 되고 맙니다. 그러므로 자녀들이 섭섭하거나 원망스럽게 느껴질지라도 함부로 속마음을 내뱉어서는 안 됩니다.

오히려 힘들고 섭섭할 때일수록 **축원**祝願을 해주어야 합니다.

'자비하신 부처님이시여, 저 아이에게 부처님의 빛과 힘이 충만하게 하소서.'

'제 자식의 허물을 대신 참회하옵니다. 저 아이의 뜻과 같이 이루어지게 하소서.'

축원! 그것은 불행을 행복으로 바꾸고, 나의 불안감을 편안함으로 바꾸어 줍니다. 어찌 이 좋은 축원을 버려 두고 원망스런 악담을 할 것입니까?

악구惡口는 말 그대로 '나쁜 입'입니다. '나'의 입을 나쁜 입으로 만들고 싶은 이가 어디에 있겠습니까? 욕이 아닌 칭찬, 저주가 아닌 희망의 말, 비방이 아닌 찬탄, 악담이 아닌 축원의 생활화를 통하여 '부드러운 말 한 마디 미묘한 향'이라는 도리를 깨우쳐야 할 것입니다.

기어綺語보다는 침묵을

정어가 아닌 네 번째 말은 기어綺語입니다.

기어의 '기綺'는 비단이라는 뜻입니다. 비단결처럼 매끄럽게 감기는 말이라 하여 이 글자를 쓴 것입니다. 곧 환심을 사기 위해 꾸며서 하는 말, 아첨 등이 대표적인 기어입니다.

그러나 넓게 보면 뜻도 없고 이익도 없는 말, 지켜지지 않는 정치적 공약이나 논란 등도 모두 기어에 속합니다. 따라서 쓸데없는 말을 많이 하지 말라는 것이 불기어不綺語 속에 담겨있는 정신이라 하지 않을 수 없습니다.

깨달음의 도를 닦는 사람, 정도를 걷는 불자들에게 있어 많은 말은 도움이 되지 않습니다. 오히려 말이 많으면 실속이 없어집니다. 번뇌가 말의 꼬리를 물고 일어나 마음이 고요해질 날이 없습니다. 말이 많고 마음이 고요하지 못한데 어떻게 도와 계합할 수 있겠습니까?

중국 선종의 제3조이신 승찬대사僧璨大師는 『신심명 信心銘』에서 이렇게 설하셨습니다.

말이 많고 생각이 많으면
오히려 서로 응하지 않고
말을 끊고 생각을 끊으면
통하지 않는 곳이 없도다
  多言多慮 다언다려
  轉不相應 전불상응
  絶言絶慮 절언절려
  無處不通 무처불통

참으로 깊이 새겨야 할 가르침입니다. 실로 말은 겉껍질에 불과합니다. 말은 결코 알맹이가 될 수 없습니다. 따라서 도를 구하는 사람은 아무리 좋은 말이라 할지라도 많이 하여서는 안 됩니다. 실속을 차려 참된 도를 얻고자 한다면 될 수 있는 대로 말을 줄여야 하거늘, 어찌 아첨하는 말이나 쓸데없는 말로 허송세월을 할 것입니까? "침묵보다 더 좋은 말은 없다."는 옛말을 잘 음미하면서 우리 모두 묵연默然히 도를 닦아야 할 것입니다.

이제 팔정도의 세 번째 덕목인 정어正語에 대한 결론을 맺겠습니다.

정어를 생활화해야 할 우리는 무엇보다도 **말의 습관을 두려워할 줄 알아야** 합니다. 농담이라 하여 거짓말을 해서는 안 됩니다. 모두가 알다시피, 농담으로 한두 번 거짓말을 하는 재미를 즐기다 보면 나중에는 진짜 거짓말을 예사로 하면서도 전혀 죄의식을 느끼지 않는 엄청난 결과를 초래하기 때문입니다.

거짓말 뿐만이 아닙니다. 이간질하는 말, 욕설·저주·비방, 아첨 등의 기이한 말도 한 번 두 번 무심코 하는 것을 방치하다보면, 완전히 습관이 되어 나중에는 자신도 모르게 내뱉게 되는 것입니다.

그러므로 우리는 평소에 정어를 쓰는 습관을 길러야 합니다. 망어를 하지 않고 진실하게 말하며, 양설을 하지 않고 화목하게 말하며, 악구를 하지 않고 고운 말을 하며, 기어를 하지 않고 살리는 말을 하는 습관을 길러야 합니다. 이렇게 습관을 길러 정어를 생활화하면 자연히 마음이 편해지고, 몸가짐 또한 바르게 됩니다.

모름지기 불자의 언어는 정법正法에 입각한 정어正語입니다. 이제 우리 모두 정법에 입각한 정어로써 뭇 생명 있는 이들을 일깨워, 원만·성취·진실이 가득한 자타일시성불도自他一時成佛道의 길로 나아가야 할 것입니다.

정업 正業

불살생·불투도·불사음

팔정도의 네 번째 덕목인 정업正業은 몸으로 실천하는 바른 행동들이며, 부처님께서는 다음과 같이 정의하셨습니다.

"정업이 무엇인가? 살생을 떠남이요, 도둑질을 떠남이며, 애욕에 사로잡힌 음란한 행동을 떠남이니라."

이를 10선十善과 연결시키면
① 살생하지 아니하고〔不殺生〕

② 도둑질하지 아니하며〔不偸盜〕
③ 삿된 음행하지 않는다〔不邪淫〕입니다.

이 세 가지는 불교의 근본 5계 중의 셋 입니다.

그런데 부처님께서는 인간이 몸으로 행하게 되는 많고 많은 행동 중에서 왜 이 세 가지만을 정업正業이라는 이름으로 규제한 것일까?

먼저 **불살생**부터 그 까닭을 살펴봅시다.

인생살이에는 수많은 괴로움이 함께 합니다. 이런 괴로움 저런 괴로움을 사람마다 호소하지만, 어느 누구 할 것 없이 인생살이에 있어 가장 큰 괴로움으로 다가서는 것은 죽음입니다. 재산과 사랑과 명예와 쾌락이 아무리 좋다고 할지라도 생명과 맞바꿀 수는 없습니다. 이 세상에서 생명보다 더 중요한 것이 없기 때문입니다.

우리는 불치의 병이 들어 죽음을 눈앞에 둔 가족에게도, '이제 죽을 날이 얼마 남지 않았으니 내생을 준비하라' 는 말을 쉽게 하지 못합니다. 이 당연한 말을, 꼭 필요한 말을 왜 하지 못합니까? 말을 해야 하는 '나' 도 죽음이 싫고, 당자 또한 '죽음' 이라는 말을 듣기 싫어하기 때문입니다.

끝없이 살려하고 무조건 죽기를 싫어하는 것이 생명에 대한 모든 중생의 공통된 본능이기에, 어느 사람 할 것 없이 자신의 생명을 전 우주와도 바꾸려 하지 않고 부처님이나 하느님보다 더 소중히 여깁니다.

인간뿐만이 아닙니다. 짐승·새·물고기·곤충 등의 동물은 물론 식물들까지도 생존을 지속하려는 강렬한 모습을 보여주고 있습니다. 생生을 희구하고 죽음을 싫어하는 것은 어찌할 수 없는 중생의 본능인 것입니다.

이렇듯, 모든 중생이 본능적으로 가장 소중하게 여기는 것이 생명이기 때문에, 법계의 흐름에 순응하는 먹이사슬이 아닌 이상에는 다른 생명을 끊는 것보다 더 큰 죄업은 없습니다. 특히 사람이 사람을 죽이는 것, 그것도 남을 상해할 마음을 가지고 죽이는 것은 절대로 범하지 말아야 합니다.

'나'의 목숨은 소중히 여기면서 다른 중생의 목숨을 함부로 취급한다면 이 어찌 삿된 삶이 아니겠습니까? '생명존중'이야말로 '나'를 살리고 이 세상을 살리는 가장 근본이 되는 행위이기에, 부처님께서는 불살생의 정업을 강조하고 또 강조하신 것입니다.

두 번째의 **불투도**는 남의 재물을 훔치지 않는 것입니다. 재물이 무엇입니까? 인간의 삶에 필요한 것, 보다 구체적으로 말하면 의식주衣食住와 관련된 돈이나 물건이나 집 등입니다. 모든 중생은 이러한 의식주에 의지하여 살고 있기 때문에, 중생에게 있어 의식주는 제2의 생명과도 같은 것입니다.

그런데도 사람들은 알게 모르게 남의 재물을 취하는 경우가 많습니다. 때때로 찻집에서 컵 하나, 스푼 하나를 슬쩍 해오는 것 정도는 죄가 되지 않는다고 생각하는 사람도 가끔씩 접하게 됩니다. 그러나 바늘도둑이 소도둑으로 바뀝니다.

도둑질은 재미삼아 할 행동이 아닙니다. 도둑질은 남의 생명을 간접적으로 빼앗는 행위로서, 생의 의지처나 생계수단을 제거하는 결과를 초래하게 됩니다. 중생의 생명 그 자체는 내명內命이요 재물은 외명外命입니다.

어찌 중생의 생명을 직접적으로 끊는 살생만이 큰 죄업이겠습니까? 그것이 없으면 살아갈 수 없는 것을 빼앗는 투도는 외명을 끊는 것이기 때문에, 부처님께서는 이 불투도를 불살생 다음의 자리에 두어 절대로 범하지 말 것을 당부하신 것입니다. 정녕 우리 불자들은 투도가 살생의 연속이요 제2의 살생이라는 사실을 분명히 알아야 할 것입니다.

 부처님께서 세 번째로 **불사음**을 금하신 까닭은 '스스로 청정을 유지하고 다른 이도 청정의 길을 걷도록 하라'는 데 있습니다. 맑지 못한 행위는 밝은 마음을 어둡게 만들고 맑은 마음을 탁하게 물들이며, 어둡고 탁한 마음은 결국 타락된 삶 속으로 스스로를 몰아넣습니다.
 남녀의 관계는 서로를 살리고자 하는 깊은 사랑 속에서 이루어져야 합니다. 그러나 요즘은 너무나 쉽게 순간적인 사랑놀이를 즐기는 경향이 있습니다. 순간적인 사랑놀이. 이것이 무엇입니까? 바람입니다. 사음입니다.
 세속적인 사랑은 자비와 다릅니다. 진정한 자비는 나보다 못한 남을 나의 위치나 경지로까지 끌어 올려 주는 것이지만, 세속적인 사랑은 내 마음에 드는 상대를 '나' 쪽으로 끌어당기는 행위입니다. 곧 자비가 이타利他라면 사랑은 철저한 자리自利요 이기심인 것입니다.

더욱이 사음은 이기적인 탐욕심의 발로입니다. 마음에 드는 상대를 갖기 위해, 욕정을 풀기 위해 사음을 즐기는 것은 무명풍無明風에 바탕을 둔 맹목적이고 충동적인 행위입니다. 과연 무명풍이 어떠한 결과를 안겨주겠습니까? 어둡고 추한 업장만을 남겨줄 뿐입니다.

음행을 본능으로 치부하면서 절제없이 추구하다보면, 가족이나 상대방에게 피해를 줄 뿐 아니라, 온갖 비리와 불의까지 돌아볼 줄 모르는 추한 존재로 돌변하여 버립니다.

맑지 못한 행위, 번뇌의 길, 타락의 길로 빠져들도록 하고, '나'와 주위의 모든 것을 있을 자리에 있지 못하게 흔들어 놓는 사음을 어떻게 부처님께서 인정을 하셨겠습니까?

청정한 본성을 어둡게 만들고 삼악도로 빠뜨리는 행위가 사음이요, 착한 법을 태워버리는 불꽃이 되어 모든 공덕을 없애버리는 것이 사음이기 때문에 행해서는 안 될 업業으로 규정하신 것입니다.

살리며 베풀며 맑게 살지니

그럼 정업正業을 닦는 불자는 불살생·불투도·불사음만 행하지 않으면 족한 것인가? 아닙니다. 이 셋은 소극적인 실천입니다. 오히려 우리 불자들은 적극적으로 살리고 베풀고 맑은 기운을 이 법계에 불어 넣어야 합니다.

첫 번째 정업인 **'불살생의 적극적인 실천'**은 살리는 일입니다.

세상에서 가장 나쁜 일은 무엇입니까? 살인입니다. 그렇다면 가장 좋은 일은? 살리는 일입니다. 무엇을 살리는가? 생명을 살려야 합니다. 나와 남의 몸을 살리고 정신을 살려야 합니다. 아울러 생물과 자연과 이 지구를 살리고 우주를 살려야 합니다.

이렇게 살리고 살려가는 것. 이것이 불자의 삶이요 깨달음의 삶이며 향상의 삶입니다. 인간만 살리는 것이 아니라 환경을 보호하고 생태계를 살리는 노력을 우리 모두가 다함께 기울여야 합니다.

또한 물질적으로만 살릴 것이 아니라, 바른 법을

널리 전하여 인간의 바른 정신이 살아나도록 해야 합니다. 바른 정신이 살아날 때 바른 실천이 이루어지고, 바른 실천이 있을 때 나와 주위의 모든 것이 살아나는 것이 아니겠습니까?

정업의 첫째가 살리는 것임을 우리 모두 깊이 새겨야 할 것입니다.

두 번째 정업인 **'불투도의 적극적인 실천'**은 현재의 업을 기꺼이 받아들이면서 베풀고 복덕을 쌓으며 사는 것입니다.

대부분의 사람들은 자신의 팔자를 한탄하고 주위를 원망하며 살아갑니다. 그러나 이렇게 사는 이상에는 업이 바뀌지 않습니다. 오히려 업의 결박만 더욱 조여들 뿐입니다.

그럼 어떻게 해야 하는가? 윤회와 인과를 철저히 믿고 내가 지은 업을 내가 기꺼이 받겠다는 자세로 살아간다면 틀림없이 고통에서 벗어나 복된 삶을 영위할 수 있습니다.

그 실천은 바로 '지금 이 자리'에서 시작되어야 합니다. 지금 이 자리! 지금 이 자리에서 우리는 과거의 맺힌 업을 푸는 것과 동시에 새로운 업을 만들게 됩니다.

바로 이 순간, 맺힌 업을 풀고 푼 업을 더욱 원만하게 회향廻向할 수도 있고, 새로운 악업을 맺어 더 나쁜 상태로 만들어 버릴 수도 있습니다.

맺느냐? 푸느냐? 이것은 오직 지금 이 자리에서 내가 어떻게 하느냐에 달려 있습니다. 눈앞의 이익만 생각하고 행동하면 매듭만 늘어날 뿐입니다. 욕심을 비우고 기꺼이 업을 받고자 하면 오히려 모든 업이 풀리기 시작합니다. 매사에 욕심을 좇지 않고 한 생각을 바르게 가져 맺힌 업을 풀어나가고, 푼 것을 더욱 좋은 인연으로 가꾸어야 합니다.

어떻게 하여야 더욱 좋은 인연을 가꿀 수 있는가? 그것은 베푸는 것입니다. 마음으로 물질로 육체노동으로 돕고 베푸는 것입니다. 베풀면 반드시 복덕이 깃들고, 그 보시의 마음이 순수하면 틀림없이 도심道心이 자라게 됩니다.

'도둑질하지 않는다'가 아니라 능력껏 가진 것을 베풀 때, 우리 앞에 그릇되게 뚫려 있던 탐욕의 길·투쟁의 길·삿된 길들은 저절로 사라지게 되고, 지옥·아귀 등의 추한 세계도 자취를 감추게 되는 것입니다.

우리 모두 이 불투도의 정업을 기초로 삼아 현실의 업을 기꺼이 받아들이면서 능력껏 잘 베푸는 불자가 되고, 복과 덕을 함께 갖추는 불자가 되어 봅시다.

세 번째 정업인 **'불사음의 적극적인 실천'**은 순결한 마음을 근본으로 삼아 서로를 살리는 사랑을 나누라는 것입니다.

참된 사랑은 본능적인 성행위나 외형적인 모습 속에 있는 것이 아닙니다. 보다 맑고 깊은 애정으로 서로를 보살피고 서로를 살리는 이타행利他行의 차원으로 승화시켜야 참된 사랑을 이룰 수가 있습니다.

참된 사랑은 신성한 마음의 결합을 전제로 해야 합니다. 서로의 깨끗하고 순결한 마음이 결합될 때 부당한 번뇌, 온갖 악업의 유혹을 물리칠 수 있습니다. 순결한 마음의 결합은 이 세상의 수많은 역경을 이겨나가는 근원적인 힘이 되는 것입니다.

물론 함께 살다보면 별별 문제가 많이 발생할 것입니다. 악연이라고 느껴질 경우도 있고 원수와 평생을 사는 듯이 느껴질 때도 있을 것입니다. 그때도 자신의 마음부터 먼저 맑혀야 합니다. 마음을 맑혀서 맑게 생각하고 맑게 판단하여야 합니다.

　이렇게 맑은 마음으로 맑게 생각하고 맑게 판단하여 헤어져야겠다고 확신을 하였을 때는 헤어져도 좋습니다. 불사음은 결코 헤어지지 말라는 규정이 아닙니다. 맑게 살리며 살라는 것입니다.

　사랑은 기분으로 하는 것이 아닙니다. 분위기를 따라 만났다가 헤어지는 것이 아닙니다. 다생다겁의 깊은 인연으로 만나, 서로를 살리고 인생을 가치있게 만드는 것이 사랑입니다. 따라서 우리는 맑고 진실된 사랑을 하여야 합니다. 맑고 진실된 사랑 속에서 살아야 합니다.

　이기심을 떠난 맑고 진실된 사랑은 세상을 바꾸어 놓습니다. 맑고 진실된 사랑은 모든 것을 정화하는 힘이 있습니다. 생사의 근원이 되는 음욕까지 맑게 다스려 참 삶의 길로 돌이키는 힘을 지니고 있습니다. 맑고 진실된 사랑으로 살면 부부가 함께 향상의 길로 나아갈 수가 있고, 마침내 그들은 둘이 아닌 불이不二의 문을 통과하여 행복만이 가득한 해탈의 세계에 이를 수 있게 되는 것입니다.

　부디 우리 모든 불자들이 맑음을 근본으로 서로가 서로를 살리는 사랑을 실현하기를 축원하면서, 정업에 대한 글을 매듭 짓습니다.

정명 正命

정명의 반대인 사명邪命이란?

 팔정도의 다섯 번째 덕목인 정명正命은 '바른 생활'로 많이 번역됩니다. 바른 직업을 택하고 바르게 일을 하여 생계와 생활을 올바로 꾸려나가라는 가르침입니다. 이를 확대하면 의衣·식食·주住 속의 생활, 곧 옷차림·식사예절·수면·운동·휴식 등에 대한 바른 생활태도까지 모두 포함됩니다.
 이 정명의 핵심을 한 마디로 꼬집으면 '목숨 명命'자에 있습니다. 뭇 생명있는 자에게 있어 가장 소중한 것은 목숨〔命〕입니다. 무엇보다도 소중한 것이 '나의 생명'입니다. 천만금을 준다한들 목숨을 내어

줄 사람은 결코 없습니다.

정명은 바로 '**가장 귀한 나의 목숨을 올바로 유지하라**'는 가르침입니다. 올바른 직업관과 생활관을 통하여 '**나의 생명력을 유지하고 살려라**'는 것입니다.

그런데 이토록 소중한 나의 생명력을 살려가는 삶이 아니라 죽이는 삶을 사는 이들이 있습니다. 눈앞의 이익에 사로잡혀 그릇된 길로 나아가며 스스로의 생명력을 죽여가는 사람들. 그들을 부처님께서는 사명외도邪命外道라고 하셨습니다.

사명邪命은 정명正命의 반대입니다. 사명을 따르지 않으면 정명의 바른 길로 들어서서 '나의 생명력'을 유지하고 살려낼 수 있습니다. 부처님께서는 『대사십경 大四十經』에서 이에 관해 말씀하셨습니다.

사명이 무엇인가? 사기·공갈·점복占ト 등을 업으로 삼거나 이익을 지나치게 탐하는 것이 사명이다. 이러한 삿된 생활법을 버리고 바른 일을 통하여 생활을 영위하는 것을 정명이라고 한다.

이 가르침 가운데, "이익을 지나치게 탐하는 것이 사명邪命"이라고 하신 말씀을 우리는 깊이 새길 줄 알아야 합니다. 지나친 나의 이익! 우리는 언론매체를 통하여 분수 이상으로 이익을 추구하다가 절망의 구렁텅이에 빠지는 사람들을 자주 접하게 됩니다.

명품을 즐기다가 카드를 긁었고, 카드 빚을 막기 위해 '쉽게 돈을 벌겠지' 하는 생각으로 룸싸롱의 접대부로 나갔다가 돈은커녕 더 큰 빚에 몸도 마음도 모두 망가뜨려버린 여대생 등의 이야기를 집중 조명하는 TV프로를 가끔씩 볼 수 있습니다.

그녀들은 '죽고 싶을 뿐'이라고 했습니다. 과연 누가 그녀를 '죽고 싶은' 상태로 몰아넣었습니까? 그것은 남이 아닙니다. 지나친 욕구충족, 지나친 이익 추구가 원흉입니다. 명품을 가지고 싶어하고 명품을 지니는 것을 누가 나쁜 짓이라 하겠습니까? 욕망을 못 이겨 갚을 방법을 생각하지 않은 채 신용카드를 사용했고, 카드 빚을 감당할 수 없자 '쉽게 돈을 벌어 보겠다'는 생각으로 룸싸롱을 찾아간 것이 결정적인 화근이었습니다.

이것이 무엇입니까? 이익을 지나치게 탐하는 사명

邪命의 길이 아니고 무엇이겠습니까? 『보왕삼매론 寶王三昧論』에서는 이를 냉철하게 꼬집고 있습니다.

이익을 분에 넘치게 바라지 말라. 분에 넘치는 이익을 바라면 반드시 어리석은 마음이 요동을 치게 되고, 어리석은 마음이 요동을 치면 반드시 추악한 이익으로 말미암아 자신이 훼손되느니라.

사회가 자본주의에 물이 들수록 분에 넘치게 이익을 바라는 이들이 많아집니다. 쉽게 돈을 벌려는 사람이 많아지고, 한탕주의로 떼부자가 되고 싶어하는 이들이 많이 생겨납니다. 그리고 주위에서도 그와 같은 조건을 제시하며 유혹의 손길을 뻗칩니다.

물론 분에 넘치는 이익에 눈이 멀어 가진 돈과 몸과 마음을 내맡기면 특별한 요행수가 없는 한 결과는 뻔합니다. 스스로를 실패의 구렁텅이, 죽음의 구렁텅이로 굴러 떨어지게 만들뿐입니다.

왜? 냉정하게 생각하면 어떠한 결과가 돌아온다는 것을 명명백백하게 알 수 있는 일에, 왜 불나비가 불에 뛰어들듯이 합니까? 치심癡心! 곧 어리석음 때문입니다. '나의 이익'에 집착하는 어리석음 때문입니다.

왜 '어리석다'고 하는가? 그렇게 되게끔 되어 있는 법칙을 모르기 때문에 어리석다고 합니다. '뿌린 만큼 거두고 한 것만큼 돌아온다'는 세상사의 기본을 모르기 때문에 어리석다고 합니다.

치심癡心은 달리 무명심無明心이라고 하는데, 무명심은 밝음이 없는 어두운 마음입니다. 어둡기 때문에 갈 길을 볼 수가 없고, 길을 보지 못하기 때문에 어둠 속을 방황하면서 두려움에 떨고 수많은 고초를 겪게 되는 것입니다.

'나'의 이익에 집착하는 어리석은 마음! 이것을 우리는 **이기심**利己心이라고 하며, 이 이기심은 잠깐동안 우리를 만족시켜 줍니다. 그 넘치는 이익이 '나'의 마음에 맞기 때문입니다.

하지만 그 만족은 오래가지 않습니다. 어느 순간이 되면 분수에 넘치는 이익을 추구하는 그 이기심이 '나'를 어둠 속에 가두어 버립니다. 이기심을 진하게 가지면 가질수록 밝은 빛을 차단하는 막이 더욱 딱딱하게 굳어지기 때문입니다.

'나'의 어리석음, '나'의 밝지 못함을 상징하는 이

기심의 껍질이 단단해지면 단단해질수록 남과의 분리감이 강해지고, 분리감이 커지면 자신도 모르게 주변 사람이나 사회로부터 피해를 입지 않을까 하는 두려움을 느끼게 되며, 두려움이 심해지면 대인기피증뿐만이 아니라 자기를 보호해야 한다는 강박관념 속에서 다른 사람을 해치려는 무의식적인 충동까지 느끼게 됩니다.

또한 지나친 이익추구와 이기심에 사무친 삶은 정신적인 면뿐만이 아니라 육체까지도 굳고 경직되게 만듭니다. 이기심으로 인해 육체의 여러 부분에 긴장감이 생겨나고 몸 전체는 위축이 됩니다. 건강을 유지하는 데 꼭 필요한 생명에너지가 크게 줄어들어 알 수 없는 병을 부르고 수명까지도 좌지우지하게 되는 것입니다.

결국 부처님께서 강조하신 '이익을 지나치게 탐하는 사명邪命'의 길을 택하게 되면 그 사명이 정신적으로 육체적으로 갖가지 문제를 일으켜, '나'를 살리는 생활이 아닌 '나'를 죽이는 생활 속으로 빠져들 수밖에 없는 것입니다.

실로 인생살이에 있어 이익은 올 만큼 오는 것입니다. 일도 할 만큼만 할 수 있고 이익도 한 만큼만 오는 법입니다. '나'의 마음가짐과 노력에 맞게 이익이 다가오는 법입니다. 이것이 법계法界의 법칙입니다. 바란다고, 욕심을 부린다고 일을 많이 할 수 있는 것도 아니요, 이익이 많이 다가오지도 않습니다.

오히려 이익을 지나치게 탐하면 번뇌만 커질 뿐입니다. 일단 이익에 차질이 생기기 시작해 보십시오. 이익이 아니라 번뇌가 '나'의 중심자리를 차지하게 됩니다. 불안한 생각이나 이기심이 끊임없이 의견을 내어 '나'로 하여금 좋아하고 싫어하고 추측하고 비교하고 판단하고 불평하는 각종 번뇌들을 가득 불러일으킵니다. 자연 그 번뇌 속에서, '나'의 삶은 노예처럼 구속되어 버립니다.

정녕 번뇌에 휩싸여 사는 생활보다 더 비참한 삶이 어디에 있습니까? '지나친 이익추구'라는 첫 번째 번뇌가 수많은 번뇌를 불러 일으켜, 결국은 우리를 번뇌 속에서 죽어가는 존재로 만들어버린다는 것! 그리고 이것이 '나'의 생명력을 갉아먹는 사명邪命의 속성이라는 것을 깊이 명심해야 할 것입니다.

바른 직업과 돈

이제 부처님께서 설하신 정명正命으로 다시 돌아갑시다.

정명은 올바른 직업관과 생활관을 통하여 '나'의 생명력을 잘 살려가는 것입니다. 따라서 '나'의 직업이나 참여해야 할 일은 '나'의 능력과 주변의 환경을 잘 살핀 다음, '나'의 향상을 위해 맞는 직업이나 일을 선택해야 합니다.

이 선택이 중요합니다. 지금 하고 있는 일이 없다고 하여, 일이 쉽다고 하여, 일확천금이 눈에 보인다고 하여, '나' 또는 남에게 해를 끼치는 일을 하여서는 안 됩니다. 우선 부처님께서는 죽이거나 상처를 입히거나 훔치거나 음행을 조장하거나 속이는 직업을 갖지 말라고 하셨습니다. 이것은 근본 4계四戒와 관련된 것입니다.

그리고 『대지도론 大智度論』에서는 재가 5종, 출가 4종의 삿된 생명유지 방법을 따르지 말 것을 설하고 있습니다.

① 이익을 취하기 위해 거짓으로 기이하고 특별함을 나타내는 것
② 이익을 취하기 위해 스스로의 공덕이 큰 것처럼 말하는 것
③ 이익을 취하기 위해 길흉을 점치고 운명 풀이를 해주는 것
④ 이익을 취하기 위해 큰 소리로 위엄을 표하여 사람들로 하여금 외경되게 하는 것
⑤ 이익을 취하기 위해 공양할 것을 설명하면서 사람들의 마음을 움직이게 하는 것

이상이 재가인의 5종 사명邪命이며, 출가인의 4종 사명은 다음과 같습니다.

① 의약이나 풍수지리나 논밭을 경작하며 사는 하구식下口食
② 천문·점성 등을 보면서 생활을 영위하는 앙구식仰口食
③ 세력가나 부호에게 아첨하며 생활하거나 사방을 돌아다니며 교묘한 말을 하여 많은 이익을 도모

하는 방구식方口食
④ 갖가지 주술이나 길흉화복을 점치는 유구식維口食

그리고 『범망경보살계』 48경계 중 제29경계輕戒인 사명자활계邪命自活戒에서는 다음과 같은 몇 가지를 들고 있습니다.

나쁜 마음으로 이익을 바라고서,
① 남녀의 색色을 파는 일
② 제 손으로 생명을 죽여 음식을 파는 일
③ 점치고 관상 보고 해몽하면서 길흉을 말하는 일
④ 사람들에게 주술로 교묘한 술수를 부리는 일
⑤ 사냥을 하는 일
⑥ 독약을 만드는 일

또한 『범망경보살계』의 10중대계의 다섯 번째에서는 '술을 팔지 말 것'을 강력하게 금하고 있습니다.
생존의 현실에서, 누가 이상과 같은 일을 좋아서 하겠습니까? 마지못해 하거나, 먹고 살기 위해 할 수 없이 하는 이도 많을 것입니다. 냉정히 이야기하면,

박복하기 때문에 존경받지 못할 이와 같은 일을 직업으로 선택한다고도 할 수 있을 것입니다. 오히려 어떤 이들은 외칠 것입니다.

"나는 하고 싶어서 하는 줄 아느냐? 날더러 어쩌란 말이냐?"

물론 그 말씀도 맞습니다. 하지만 바꾸고자 하는 노력은 기울여야 합니다. 그 비극의 배역을 벗어나기 위해 힘을 모아야 합니다.

부산 동래에서 온천장을 경영하고 있는 어느 보살님은 원래 술장사를 하였습니다. 그런데 보살님은 보살계를 받고부터 자꾸만 자신의 직업이 마음에 걸렸습니다. '술을 팔지 말라'는 것이 보살의 십중대계十重大戒 중 제5계로 제정되어 있었기 때문입니다. 이에 보살님은 절에 갈 때마다 부처님 전에 엎드려 기도를 드렸습니다.

"부처님! 술장사 대신 다른 직업을 갖게 해주십시오."

이렇게 절을 찾을 때마다 기원을 하기를 3년, 하루

는 아는 사람이 찾아와 땅을 살 것을 권했습니다. 처음에는 별 생각 없이 '한 번 구경이나 해볼까' 하였는데, 거듭거듭 재촉하는 바람에 갖고 있던 여유 돈으로 땅을 사게 되었습니다.

땅을 산 보살님은 빈 땅을 그냥 놀리기가 아깝다는 생각이 들어, 그 땅에 울타리를 치고 조그마한 움막 한 채를 마련하였습니다. 그리고 땅을 돌볼 사람을 고용하였고, 사람이 살게 되다보니 자연 식수가 필요해져서 우물을 파게 되었습니다.

인부를 사서 땅을 꽤 깊이까지 파들어 갔을 즈음, 아주 큼직한 바위 하나가 걸려 좀처럼 진척을 보지 못했습니다. 그렇다고 새로이 다른 곳을 뚫자니 그 동안의 공이 아까웠습니다.

"어렵더라도 바위를 부숩시다."

이렇게 하여 바위를 쪼개었더니, 놀랍게도 그 사이로 뜨거운 온천수가 솟아 나오는 것이었습니다. 그 바람에 땅값은 수십 배로 뛰어올라 보살님은 큰 부자가 되었고, 그 땅에 온천장을 지어 경영을 하게 되었습니다.

물론 술장사는 자연스럽게 그만두게 되었습니다.

ༀ

  이 온천장 보살님처럼 자신의 직업을 바꾸고자 하고 기도를 통하여 힘을 모으면 반드시 길이 새롭게 열립니다. 꼭 명심하십시오. 심중의 소원을 불보살님께 고하면서 기도를 하다보면, 변화의 인연이 자연스럽게 찾아들게 됩니다.

  반대로 좋은 소원, 좋은 마음가짐을 가졌다가도 여건이 되지 않는다고 포기를 해버리면, 결코 벗어날 수도 새롭게 변화할 수도 없게 됩니다. 자포자기하지 말고 수시로 기도를 하다보면 보이지 않는 힘이 생겨나게 되고, 힘이 모이면 원성취가 저절로 뒤따르게 되어 있는 것입니다.

  바른 일, 바른 직업! 정명正命의 길로 나아가고자 하는 불자들은 절대로 조급해서는 안 됩니다. 편안한 마음으로 내가 나아가야 할 정명의 삶이 무엇인지를 잘 비추어 보아야 합니다. 과연 내가 해야할 바른 일, 바른 직업이란 무엇입니까?

  근본적으로는 내가 열정을 쏟을 수 있고 집중을 할 수 있는 일, 몸과 마음을 다 바칠 수 있는 직업이 그

것입니다. 그러나 원력이 깊은 사람이 아니면 이와 같은 일과 직업에 종사하기가 쉽지 않습니다. 사바의 중생들은 원력보다 업業을 따라 사는 경우가 많기 때문입니다.

하지만 불자인 우리는 지금부터라도 원을 세우고 업의 흐름따라 내려가는 삶이 아닌, 근원으로 거슬러 올라가는 삶을 살아야 합니다. '나'를 향상의 길로 끌어올리는 일을 택하여야 합니다. 더 좋은 것은 나와 남을 동시에 살리는 일이나 직업을 택하는 것입니다.

과연 그러한 일, 그러한 직업은 어떤 것인가? 많고도 많습니다. 사회가 인정하는 보편적인 직업은 모두 여기에 해당합니다. 다만 문제는 '나'의 자세입니다. 내가 어떻게 하느냐에 달려 있습니다. 돈과 명예와 이익에 집착하고 얽매이면 그릇된 업을 짓게 되고, 적은 욕심으로 할 바를 다하면 복덕이 쌓이고 향상을 하기 마련입니다.

실로 정명에 있어 참으로 문제가 되는 것은 돈입니다. 돈에 대한 철학만 분명히 확립이 되면 바르게 살기가 어렵지 않습니다. 이제 잠깐 돈 이야기를 하여 봅시다.

돈! 돈이 무엇입니까? 돈은 돌고 도는 것입니다. 돌고 도는 것이기에 그것은 인연따라 '나'에게로 옵니다. 돈이 어디에 있다가 나에게로 오는가? 돈은 어디에나 있습니다. 돈을 필요로 하는 곳 주위에는 늘 가득히 있습니다.

그 돈은 누구의 것도 아닙니다. 필요로 하는 사람에게 필요한 만큼 주어지게 되어 있습니다. 스스로 돈의 법도를 어기거나 지나치지 않는 이상, 꼭 필요한 돈은 언제나 '나'에게로 오게끔 되어 있습니다. '기도를 하여 부자가 되었다'는 이야기가 많이 전해지고 있는 까닭도 같은 원리에 의한 것입니다.

많은 사람들이 돈 없음을 탓합니다. 돈 때문에 살기가 어렵다고들 합니다. 그런데 돈은 추구하면서도 스스로의 마음가짐은 돌아보려하지 않습니다. 가난도 부富도 마음따라 구해진다는 사실을 깨닫지 못합니다.

탐욕과 질시와 투쟁과 어둠으로 우리의 마음을 채워간다면 돈은 우리를 싫어하고 떠나갑니다. '돈은 돈'이라는 사실을 솔직히 긍정하면서, 넉넉한 마음으로 복을 구할 때 더욱 큰 돈이 우리에게 다가오는 것입니다. 절대로 돈을 우습게 보아서는 안 됩니다.

돈에는 분명 혼魂이 있습니다. 생명없는 종이에 조폐공사의 도장이 찍히고, 모든 사람이 돈의 유통을 긍정하게 되면, 그 돈에 의지意志가 붙고 돈 자체가 힘을 가지게 됩니다. 이것을 잊어서는 안 됩니다.

혼이 깃든 돈! 그 돈은 결코 마음대로 모으고 함부로 쓸 수 있는 것이 아닙니다. 혼이 깃든 이상, 돈 속에도 도가 있기 때문에 도道로써 돈을 써야 잘 살 수가 있습니다. 정녕 우리는 도로써 돈을 벌고 써야 합니다. 돈의 도를 알고 나서 돈을 쓰고 벌어야 합니다. 도로써 돈을 쓰면 우리의 삶은 향상을 합니다.

돈과 도! 이 두 가지는 서로 상반된 것입니다. 돈은 돌고 도는 것이기에 집착을 하면 할수록 윤회의 수레바퀴가 더욱 세차게 돌아갑니다. 돈에 얽매이면 '나'의 고통과 윤회가 그칠 날이 없습니다. 하지만 변하지 않는 도道, 언제나 고요하고 동요되지 않는 도와 합치하면 괴로움은 물론 윤회의 수레바퀴도 구르기를 멈추게 됩니다.

그렇다고 하여 무조건 돈을 적대시하여서도 안 됩

니다. 왜냐하면 바로 그 돈 속에 도가 있기 때문입니다. 돈 속에 도가 있으므로 도로써 돈을 벌고 쓰면 돈을 쓰고 버는 자체가 온통 도로 바뀔 수 있습니다.

누구라도 도로써 돈을 벌고 쓰면 돈 때문에 겪게 되는 탐욕의 길 투쟁의 길 어둠의 길이 저절로 사라지고, 지옥·아귀·축생과 같은 추한 삶도 자취를 감추게 되는 것입니다. 부디 생활 속에서 도로써 능력껏 돈을 벌고, 나와 남을 함께 살리는 쪽으로 돈을 쓰는 불자가 되고자 하십시오. 틀림없이 좋은 일들이 찾아들고 좋은 세상이 열리게 됩니다.

잘 기억하십시오. 인생을 힘들게 만드는 것을 한마디로 압축하면 '돈과 사람'입니다. 돈 때문에 괴롭고 사람 때문에 괴롭습니다. 이제부터라도 돈에 대한 철학을 분명히 세우고 '나'의 삶에 임해 보십시오. 틀림없이 훨씬 편안해지고 행복감을 느끼게 될 것입니다.

스스로를 흔들지 말라

이제 정명正命을 이룸에 있어 핵심이 되는 '마음가짐'에 대해 이야기를 하고자 합니다.

앞에서도 잠깐 언급하였지만, 우리가 살고 있는 이 법계法界는 노력한 만큼 이루게끔 되어 있습니다. 따라서 꾸준히 계속하여 힘이 쌓이고 쌓이면 저절로 성취되게끔 되어 있습니다. 한 마디로 '할 만큼 하고, 하는 만큼 되게 되어 있는 것' 입니다.

그런데 묘하게도 중생들은 '쉽게 이루는 것' 을 좋아합니다. 하지만 그것은 공연한 욕심일 뿐입니다. 쉽게 이루어지지가 않습니다. 한 만큼만 이루어지고, '나' 또한 능력 이상으로 많은 일을 할 수 있는 존재가 아닙니다. 할 만큼만 할 수 있는 것이 우리네 중생입니다.

할 만큼 하고 한 만큼 이루어지는 것! 바로 이것이 인과의 법칙입니다. 그러므로 사업을 하든 직장을 다니든 공부를 하든 살림을 하든, 일단 주어졌고 신중하게 선택을 한 일이라면 마냥 정성을 다해 차근차근 복을 쌓아가야 합니다.

절대로 '쉽게 이루겠다'는 욕심으로 이제까지 쌓아 온 것을 흔들지 마십시오. '할 만큼 하고 될 만큼 된 다'는 법칙을 새기면서 착실하고 부지런히 해 나가다 보면, 점점 향상의 길이 열리고 성취가 있게 됩니다.

그리고 새로운 일, 새로운 사업, 새로운 직장, 새로운 공부 등은 시절인연時節因緣이 무르익으면 저절로 찾아오게 됩니다. 그런데도 '나'의 마음에 들지 않는다며 직장을 마구 옮기는 이들이 있습니다. 지금의 사업이 불안하다며 새 사업에 손을 대는 사람들이 있습니다.

때가 되어 옮기고, 시절인연이 익었을 때 시작하면 저절로 잘 될텐데, 흔들리는 마음따라 직장을 옮기고 사업을 바꾸다보면, 점점 자신의 가치는 떨어지고 사업은 실패의 길로 빠져드는 경우가 많습니다.

시절인연時節因緣! 불교집안의 큰스님들은 "시절인연을 기다리라."는 말씀을 자주 들려주십니다. 어느 때가 되면, "이제는 이것이 아니라 저것이야." 하는 분명한 확신이 설 때가 온다는 것입니다.

그때가 새로운 일, 새로운 사업, 새로운 직장, 새로운 공부를 전개시킬 시절입니다. 내가 그 일을 찾아가는 것이 아니라, 인연이 무르익으면 그 일이 나를 찾아오고 다가오는 것입니다. 만약 분명한 확신이 서지 않으면 지금의 사업, 지금의 직장, 지금의 공부, 지금의 일에 한결같이 매진해야 합니다.

공연히 '이게 좋지 않을까? 저게 좋지 않을까?' 하는 분별심을 일으켜 지금의 자리를 흔들지 마십시오. 일부러 변화시키려고 하지 마십시오. 지금의 자리를 흔드는 그 생각이 망상이요 마구니입니다. 절대로 망상의 마구니에게 속지 말아야 합니다.

물론 주위를 둘러보면 간혹은 큰 노력없이 일을 성취하는 이들도 있습니다. 전생에 쌓아놓은 복업福業과 원력願力 덕분에 …. 하지만 쉽게 된다고 하여 기뻐할 일은 아닙니다. 세상에서 쉽게 되는 일은 복을 까먹는 일 하나밖에 없습니다. 정녕 쌓아 놓았던 복을 다 까먹고 나면 돌아오는 것이 무엇입니까? 화禍입니다. 불행입니다. 고통입니다.

물론 '어떠한 일을 어떻게 하겠다'고 생각하는 것은 자유입니다.

'이런 사업을 하면 되겠지.'
'그래, 저 직장이 보수도 좋고 내가 일을 할 만한

곳이야. 저기로 가야지.'

 내가 할 일이나 사업·직장·공부 등에 대해 누구나 마음대로 생각할 수는 있습니다. 그러나 그 일은 지금의 욕심이나 노력만으로 되는 것이 아닙니다. 그럼 무엇이 뜻대로 성취되도록 하는가? 그것은 업業입니다. 바로 업입니다.

인연업과因緣業果와 정명

업! 업은 '인연업과因緣業果'라는 단어 가운데 '인연업' 세 글자의 줄인 말입니다. 인因은 씨앗이요, 연緣은 씨앗을 심는 밭과 자연환경이며, 업業은 씨앗을 심어 결실을 맺게 하기까지 기울이는 노력입니다.

이렇게 인과 연과 업이 모이면 과果, 곧 결과라는 열매는 저절로 이루어집니다. 씨가 좋고 밭과 자연환경이 좋고 농사를 잘 지었으면 만족스런 결실이 있는 것이요, 나쁜 씨를 나쁜 밭에 뿌렸거나 가꾸는 일을 소홀히 하였다면 수확이 나쁜 것이 정한 이치입니다.

일을 성취시키는 업業! 그 업은 인과 연과 일이 성취되는 그 순간까지의 모든 노력을 지칭한 것입니다. 따라서 그 업은 눈에 보이는 현세의 노력만이 아니라, 보이지 않는 과거세의 노력까지 포함됩니다.

그렇다면 그 업은 정해진 것인가? 일이 성취되고 성취되지 않고는 이미 정해져 있는 것인가? 물론 아닙니다. 적어도 불교에서는 이와 같은 운명론을 수용하지 않습니다. 이미 여러 번 언급하였듯이, 부처님께서는 지금 삶의 자세, 지금 이 순간의 마음가짐에 의해 과거의 업을 변화시킬 수 있음을 강조하셨습니다.

 그러므로 불교에서는 '지금 이 자리'를 그 어느 때보다 중요한 순간이요, 그 무엇보다 중요한 장소로 생각합니다. '지금 이 자리'야말로 과거의 맺힌 업을 푸는 것과 동시에 새로운 업을 만들기 때문입니다.

 우리는 지금 이 자리에서 맺힌 업을 풀고 푼 업을 더욱 원만하게 만들 수도 있지만, 새로운 악업을 맺어 더 나쁜 상태로 빠져들 수도 있습니다. 맺느냐? 푸느냐? 이는 오직 '지금 이 자리에서 내가 어떻게 하느냐?'에 달려 있습니다. 눈앞의 이익이나 불안감으로 스스로의 마음을 흔들면 매듭만 늘어날 뿐이요, 욕심을 비우고 착실히 일을 하면 복이 차츰 쌓여 점점 좋은 결실을 맺을 수가 있는 것입니다.

 지금 일이 잘 풀리지 않는다고 고민 속에 빠질 일이 아닙니다. '나도 남들처럼 노력하였는데 왜 나만 되지 않는가?' 하며 한탄을 할 것도 아닙니다. 오히려 이때가 중요합니다. 바로 지금이 향상의 시기요, 건실한 씨를 심고 좋은 환경을 조성할 때입니다.

 그 씨를 누가 심고, 누가 그 환경을 조성합니까?

바로 '나'입니다. 내가 해야 합니다. 더 핵심을 꼬집으면 '나'의 마음가짐이 합니다. 내가 지금 어떠한 마음가짐을 갖느냐? 이 자리에서 내가 어떠한 마음가짐으로 어떻게 노력하느냐에 따라 업이 달라지기 시작합니다.

"지금 내가 받고 있는 결과는 보이지 않는 나의 업 때문이다. 이제 이 과보로 하나의 매듭을 풀었으니 성취도 그만큼 가까워졌으리라."

이렇게 긍정적으로 생각하면서 과거의 업을 기꺼이 받고자 하고, 참회를 생활화하고, 마음을 넉넉하게 쓰면 틀림없이 뜻하는 바의 일을 성취하고 정명의 삶을 이룰 수 있게 됩니다.

결코 잊지 마십시오. 우리의 마음은 인과의 법칙 속에 얽매여 있는 것이 아닙니다. 업에 묶여 있는 것이 아닙니다. 그 마음가짐은 자유로운 것입니다. 새로움을 창조하는 근본 원동력입니다.

고요히 지난 업에 대한 과보를 받고 있는 '지금의 내 마음자리'에 대해 생각을 해보십시오. 과연 지금의 마음가짐은 인·연·업의 어디에 속합니까? 인에도 연에도 업에도 속하지 않지만, 동시에 인이요 연이요 업과 함께 합니다. 새로운 희망의 씨를 심고〔因〕, 긍정적인 분위기와 환경을 조성하고〔緣〕, 열심히 노력하는 자세를 만들어내는 것〔業〕은 바로 '나'의 마음가짐입니다.

이토록 중요한 것이 '나'의 마음가짐이거늘, 지금의 마음가짐을 어찌 헛되이 할 것이며, 그릇되이 흘러가도록 내버려 둘 수 있겠습니까?

그러므로 어떠한 직업을 가지고 어떠한 일을 하고 있든, 이 순간의 마음을 잘 써야 합니다. 죽이는 것이 아니라 살리는 마음가짐, 타락이 아니라 향상의 마음가짐을 가져야 합니다. 어떠한 경우에 처하더라도 마음을 잘 가져 향상의 길로 나아가도록 해야 합니다. 이것이 바로 정명正命의 핵심입니다.

일이나 사업·직장·생활 속에서 바른 신념을 가지고 어려움을 극복하며 꾸준히 향상하고, 매순간 마음을 잘 쓰며 살아가는 것! 그리하여 마침내 흔들림 없는 평온한 즐거움을 만끽하며 사는 것! 바로 이것이 우리 불자의 바른 생명유지방법, 곧 정명이 아니고 무엇이겠습니까?

꼭 명심하십시오. 정명을 실천하면 그릇된 업이 녹

고 복덕이 쌓입니다. 그리고 마침내는 현실 속에서 평온한 즐거움을 만끽하게 됩니다. 그날까지, 적어도 '나'의 바른 삶인 정명正命이 흔들림 없는 경지에 이를 그때까지, 복된 마음가짐으로 잘 정진하시기를 당부드립니다.

정정진正精進·정념正念·정정正定

정정진의 시작은 발대자비심發大慈悲心

 팔정도의 정사·정어·정업·정명이 세상을 살아감에 있어 지녀야 할 마음가짐과 지켜야 할 기본윤리를 제시한 것이라면, 제6에서 제8까지의 덕목인 정정진正精進·정념正念·정정正定은 공부에 대한 이야기, 향상하는 방법에 대한 가르침이라 할 수 있습니다.
 곧, 전문적인 수행이나 일상생활을 통하여 사성제四聖諦의 세 번째인 멸성제滅聖諦를 이루는 방법, 니르바나(涅槃)에 이르는 공부방법을 밝힌 것입니다.
 그러므로 정정진과 정념과 정정은 '공부를 이룬다'는 한 맥락 속에서 차례로 연결 됩니다. '정진할 때 정념하면 정정을 이룬다', '정념으로 정진하면 선정을 이룬다'는 것입니다. 이를 잘 기억하시고, 정정진부터 함께 살펴보도록 합시다.

정정진의 **정진**精進은 '굳셀 정精'에 '나아갈 진進'을 더한 단어입니다. 따라서 정진은 '굳세게 나아간다', '한결같이 직무에 충실한다'는 뜻을 담고 있습니다. 그리고 이 정진을 한 글자로 줄여 '근勤'이라고도 합니다. '부지런히 공부한다', '부지런히 임무를 수행한다'는 뜻입니다.

그런데 부처님께서는 이 '정진'이나 '부지런할 근勤'자 앞에 '바를 정正'자를 붙였습니다. 왜 그 좋은 '정진'과 '근' 앞에 '바를 정'자를 붙였을까요?

부지런하기만 하여서는 안 된다. 굳세게 나아가며 직무를 충실하게 행하는 것만으로 족할 수가 없다. 올바른 공부여야 하고, 올바른 일이여야 하고 올바른 임무여야 한다.

곧, 올바르지 않으면 안 된다는 가르침이 '정正'자

속에 담겨져 있습니다. 우리가 행하는 정진이 '향상向上의 정진이 되어야지, 타락의 정진이 되어서는 안 된다'는 것입니다.

고통스런 병이 사라졌을 때와 같은 청량감이 깃든 열반의 평화로움! 그와 같은 열반의 평화로움을 향한 정진이어야지, 일시적인 만족이나 고통을 더욱 안겨주는 탐욕과 집착의 정진이 되어서는 안 된다는 것입니다.

실로 정정진은 점점 향상하고 깨달아 번뇌를 완전히 멸한 열반의 경지를 향해 꾸준히 나아가는 것을 뜻합니다. 그럼 어떤 것이 바른 정진인가?

대승불교에서는 이 정진을 매우 다양하게 해석하고 있습니다. 정진이 육바라밀六波羅蜜의 네 번째 덕목으로 자리를 잡고 있기 때문입니다. 하지만 부처님 당시에는 이 정진에 대해 매우 간략하게 정의를 내리고 있습니다. 『사제분별경 四諦分別經』에서는 다음과 같이 설하고 있습니다.

바른 정진이란 무엇인가?
① 아직 일어나지 않은 악하고 착하지 않은 법이

발생하지 않도록, 의욕을 발하며 정신을 가다
듬어 닦는다.
② 이미 발생한 악하고 착하지 않은 법을 끊고자,
의욕을 발하며 정신을 가다듬어 닦는다.
③ 아직 일어나지 않은 선함이 일어나도록, 의욕
을 발하며 정신을 가다듬어 닦는다.
④ 이미 일어나 있는 선이 지속되고 증장하고 완
전하게 되도록, 의욕을 발하고 정신을 가다듬
어 닦아 익힌다.
이것을 바른 정진이라 하느니라.

이 네 가지 정진은 바로 도道의 성취를 돕는 37조
도품助道品, 곧 사념처四念處·사정근四正勤·사신족四
神足·오근五根·오력五力·칠각지七覺支·팔정도八正道
중 두 번째 군락의 네 가지 덕목인 사정근四正勤입니
다. 이를 다시 정리해 봅시다.

① 아직 생하지 않은 악은 나오지 않게 하라
〔未生惡令不生 미생악령불생〕
② 이미 생겨난 악은 완전히 끊어버려라

〔已生惡令永斷 이생악령영단〕

③ 아직 생하지 않은 선은 생겨나게 하라

〔未生善令得生 미생선령득생〕

④ 이미 생겨난 선은 더욱 증장되게 하라

〔已生善令增長 이생선령증장〕

누구나 알 수 있듯이 사정근, 곧 네 가지 바른 정진은 선善과 악惡의 이야기입니다. 앞의 정사·정어·정업에서 살펴본 탐·진·치와 망어·살생 등의 십악을 끊어 없애고, 그 반대가 되는 십선을 증장시키라는 것입니다.

이 선과 악을 보다 근원적으로 정의하면, 선은 나와 남을 살리는 것이요 악은 나와 남을 죽이는 것입니다. 나와 남을 향상·발전시키고 깨어나게 하고 살아나게 하는 것이 선이요, 남에게 상처를 주거나 아픔을 주거나 타락과 죽음을 안겨주어 결국은 '나'까지 멸망의 길로 빠져들게 만드는 것이 악입니다.

그런데 여기에서 예리한 이들은 물음표를 던질 것입니다.

"나의 공부와 남을 살리는 것이 무슨 관계가 있는

가?"

　불교의 정진, '나'의 공부, '나'의 수행은 선과 매우 밀접한 관계가 있습니다. 나와 남을 함께 살리는 것과 뗄래야 뗄 수 없는 깊은 고리를 형성하고 있습니다. 그 초점은 어디에 있는가? 무아無我와 자비慈悲와의 관계 속에 있습니다.

　이는 불교인의 공부, 불교의 정진에 있어 참으로 중요한 명제이므로, 이 무아와 자비를 중심으로 정정진에 대한 글을 엮어가고자 합니다.

　잠깐 다른 나라의 예를 들겠습니다. 티벳불교에서는 '발보리심發菩提心'이라고 하면 **'발보살심**發菩薩心'을 상기시킵니다. 위없는 깨달음의 마음을 발한다는 것이 '나와 남이 함께 살아나는 보살의 삶을 살겠다'는 결심을 깊이 심는 것임을 그들은 강조하고 있습니다.

　바꾸어 말하면 발보리심은 **발대자비심**發大慈悲心입니다. 일체 중생의 고통을 없애고 행복을 안겨주며 보살의 경지로 끌어올려 함께 성불의 길로 나아가고, 함께 위없는 보리菩提를 이루겠다는 결심이 발대자비심입니다.

이러한 보리심을 발하였기 때문에 그들은 생활 속에서 자비慈悲라는 거룩한 선善을 실천합니다. 이기적인 삶에 빠짐이 없이 서로를 보살필 뿐 아니라, 개미와 같은 미물들까지도 마냥 아끼고 사랑합니다.

티벳 불자들은 길을 걷다가 발 앞의 개미를 보면 그냥 피해서 가는 법이 없습니다. 그들은 나뭇잎 등을 이용하여 안전한 장소로 개미를 옮겨 놓은 뒤에 갈 길을 갑니다.

왜? 그들은 왜 이렇게까지 나와 남을 함께 살리는 자비를 중요시하며, 대자비심을 발하는 것을 공부의 출발점으로 삼는 것일까요? 대자비심이 깊으면 '나'의 껍질을 벗어 던지고 해탈의 핵심법인 무아無我를 쉽게 이룰 수 있기 때문입니다.

여러 글을 통해 차례 강조하였듯이, 우리는 **자아自我라는 고무풍선** 속에서 살고 있습니다. 스스로가 불고 불어 나름대로의 모양을 만들어낸 고무풍선 속에서 괴롭고 즐겁고 슬프고 기쁘고 좋고 나쁜 일생을 살다가, 바람 빠진 고무풍선이 되어 죽음을 맞이합니다.

그리고 다음 생에는 스스로가 짓고 쌓고 세운 업業

따라 습習따라 원願을 따라 새로운 모양의 고무풍선을 불며 일생을 살고, 거듭거듭 생멸의 허무한 삶을 반복하며 이어가야 합니다.

이기적인 자아가 만들어낸 고무풍선 속에서 벗어나지 못한다면, 이 자아라는 고무풍선을 터뜨리지 못한다면, 무명과 탐·진·치가 만들어낸 자아가 무아無我임을 깨닫지 못한다면, 영원히 대법계大法界와 하나가 되는 대해탈은 얻을 수가 없습니다.

부처님께서 깨닫고 가르치신 해탈법의 핵심은 '자아가 본래 없다'는 무아를 깨닫는 것입니다. 그런데 이 이기적인 자아의 고무풍선을 터뜨려 무아를 이루는 최상의 무기는 무엇일까요? 대자비심입니다.

대자비심은 스스로가 만들어낸 아상我相의 고무풍선을 없애는 최상의 무기입니다. 우리가 나와 남을 함께 살리는 대자비심을 발할 때, 다생다겁의 업과 습과 원으로 만들어낸 '자아라는 풍선'의 껍질을 벗기 시작하며, 남과 나를 함께 살리는 자비의 행을 실천하면 할수록 진리의 대법계와 가까워지게 됩니다.

그리하여 마침내 자아의 고무풍선이 터지게 되면 곧바로 무아가 되고, 진리의 대법계가 나와 그대로 하나가 되는 위없는 깨달음을 증득하여 부처님이 되는 것입니다.

❃

 석가모니부처님께서 열반에 드신 지 1천 년이 지났을 무렵, 인도에 무착보살無着菩薩이라는 위대한 성인이 출현하셨습니다. 하지만 무착은 처음부터 대보살이었던 분은 아닙니다. 출가하여 소승불교의 공관空觀에 심취하였다가 뒤에 대승불교에 귀의하였습니다.
 소승에서 대승으로 옮긴 무착보살은 미륵보살의 진신眞身을 친견하기가 원願이었습니다. 원을 이루고자 무착은 12년 동안이나 기도를 하였지만, 저 마음 깊은 곳에 '구하는 것이 많고 증득하고자 하는 욕망이 가득하며, 소유하려는 것이 적지 않았던 그'에게 미륵보살은 좀처럼 모습을 나타내어 주지 않았습니다.
 그러던 어느 날, 길을 가던 무착보살은 벌레들이 다 죽어가는 개에게 달라붙어 살을 갉아먹고 있는 것을 보게 되었습니다. 벌레들이 이미 개의 몸 일부를 먹어 가히 쳐다보기도 역겨운 상태에 놓여 있었고, 악취는 진동하였습니다.

그 순간, 무착보살의 마음 깊은 곳에서는 원초적인 자비의 음성이 울려 퍼졌습니다. 보살은 개도 벌레도 모두 살리기 위해 지나가는 행인에게 자신의 옷을 벗어주고 칼을 구한 다음, 그 칼로 자신의 넙적다리 살을 도려내어 개에게 먹였고, 개에게 달라붙어 있는 벌레들은 혓바닥으로 핥아 옮겼습니다.

바로 그때 기적이 일어났습니다. 벌레와 개의 먹고 먹히던 현장이 찬란한 광명을 발하면서 그토록 친견하기를 원했던 미륵보살의 모습으로 바뀐 것입니다. 미륵보살님은 설하였습니다.

"내 항상 너의 곁에 있었건만, 네 마음의 눈이 어두워 나를 보지 못하였도다. 이제야 그대가 나를 보는 마음의 눈이 열렸구나. 함께 가자. 나의 옷자락을 잡아라."

미륵보살님을 따라 도솔천兜率天으로 올라간 무착보살은 그곳에서 대진리의 설법을 들었고, 그 뒤 각종 저술활동과 설법을 통하여 대승유가행파大乘瑜伽行派의 사상을 확립시키는 대보살이 되었습니다.

8

　무착보살을 대보살로 변화시킨 것은 무엇입니까? 대자비심이었습니다. 미륵보살님의 진신을 친견하게 만든 것은 무엇입니까? '나'의 것, '나'의 갈구, '나'의 증득이 아니라, 자아를 뛰어넘고 자아를 잊은 대자비심이었습니다.

　이처럼 불교의 정진, 불교의 공부에 있어 대자비심은 너무나 중요한 것입니다. 무아無我의 자비행을 실천하는 불자야말로 진리의 세계, 깨달음의 법계에 빨리 나아갈 수 있습니다.

　따라서 공부하는 불자는 정진의 첫 걸음인 발보리심의 단계에서 대자비심을 발하여 깨달음의 주춧돌을 놓아야만 합니다.

　그런데 유감스럽게도 우리나라는 티벳과 같은 대승불교권이면서도, '발보리심'이라고 하면 대자비를 떠올리지 않습니다. 대자비보다는 큰 깨달음에 초점을 두고 있습니다. 따라서 '깨닫는다'는 목표에 집착하여 대자비를 잊고 정진하는 경우가 많습니다. 그리고 때로는 막연한 '나'의 깨달음에 집착하며 살아갑니다.

　이제는 아실 것입니다. '나'의 공부, 불교의 정진이 무엇을 주춧돌로 삼고 있는지를!

　'나'의 공부는 나만의 공부가 아닙니다. 대자비의 공부입니다. 내가 부풀려 놓은 고무풍선을 터뜨리는 무아의 공부요 일체를 살리는 공부입니다. 이 공부가 되어야 진정한 선善을 이루는 정진을 잘 할 수가 있고 열반을 이룰 수가 있습니다.

　이제부터 진짜 정진을 하십시오. 진짜 공부를 하십시오. 무아를 이루는 진짜 공부는 많습니다. 이미 검증된 진짜 공부는 많습니다. 염불·주력·참선·경전연구·관법觀法·참회기도 등 우리가 택할 수 있는 공부방법은 많습니다.

　그리고 이러한 불교적인 공부만이 진짜 공부인 것은 아닙니다. 한결같은 봉사활동, 자존심이나 이기심을 비운 가족에 대한 깊은 헌신, 바른 직업관 속에서 임무를 다하며 사람이나 자연을 살려가는 것도 해탈을 향한 진짜 정진행이 될 수 있습니다.

　부처님께서 사정근을 통하여 강조하셨듯이, 진짜 공부를 통하여 나와 남을 함께 살리며 나아가십시오.

'나'가 아니라 '나와 남'을 함께 살리는 것! 그것이 진짜 공부요 정정진입니다.

  대자비심을 품고 무아를 체득하여 성불하는 그날까지 꾸준히 공부의 고삐를 놓지 않는 것! 그것이 정정진이라는 것을 기억하시고, 내가 중심으로 삼을 수 있는 한 가지 공부방법을 택하여 꾸준히 정진하시기를 당부드립니다.

정념과 정정

팔정도의 제7 덕목인 정념正念은 정정진을 할 때 일어나는 여러 가지 장애를 다스리는 바른 생각이요 신념信念입니다.

팔정도의 두 번째 덕목인 정사의 사思도 생각이요, 정념의 염念도 생각입니다. 따라서 이 둘을 잘 구별하지 못하는 이들이 있습니다.

이를 구별하면, 정사의 '사'는 삶의 모든 부분에서 지니는 바른 생각이요, 정념의 '염'은 정정正定, 곧 삼매三昧를 이루는 수행을 방해하는 장애들을 점검하고 다스리는 생각입니다. 따라서 이 정념 속에는 '일념정진一念精進'이라는 의미가 숨겨져 있습니다.

누구나 일념으로 정진하면 정정을 이루어 고요하고 맑고 밝은 열반의 대평화와 대행복을 '나'의 것으로 만들 수 있습니다. 하지만 일념정진을 하기란 쉽지 않습니다. 공부를 하게 되면 평소에 나타나지 않던 수많은 장애가 시도 때도 없이 치솟기 때문입니다.

그 장애를 어떻게 다스릴 것인가? 다른 것이 아닙

니다. 정념이라는 생각으로 다스리라는 것입니다. 정진하는 나, 장애 속의 나를 스스로 비추어 보고 내 생각을 일념정진에 맞는 생각으로 바꾸라는 것입니다.

그럼 참선·염불·참회기도·경전연구·주력수행·자비행·두타행頭陀行 등의 위없는 깨달음을 이루는 불교공부를 함에 있어 장애가 되는 것은 어떠한 것이 있는가? 세밀하게 분석하면 그 장애가 한도 없지만, 크게 분류하면 육체적인 고통과 정신적인 번뇌로 모아집니다.

육체적인 고통은 수행의 초기 단계에서 많이 나타납니다. 가령 절을 하지 않던 이가 많은 절을 하게 될 때, 좌선하는 자세가 몸에 익지 않았을 때 등입니다.

참선을 하기 위해 가부좌를 한 자세로 앉아 있으면 다리와 허리 등에 통증이 일어나 불편함을 느낍니다. 통증을 느끼며 계속 앉아 있으면 온 몸에 열기가 치솟고, 마침내는 '이 통증 때문에 큰 병이 나지나 않을까?' 하는 걱정에 사로잡혀 좌선 자체를 포기해 버리기까지 합니다.

이렇게 육체적인 고통 때문에 포기를 해버리는 이는 어떠한 공부도 이루어낼 수가 없습니다. 그때 '정넘'이라는 묘약을 써서 육체라는 첫 번째 난관을 돌파해야 합니다.

"정진을 결심한 내가 죽으면 한 줌 흙으로 돌아갈 이 육체에 사로잡혀 진짜 공부를 포기한다면 장차 무엇을 할 수 있겠는가?"

"이렇게 나약할 바에는 차라리 이렇게 앉아서 공부를 하다가 죽자."

이와 같은 정념을 불러 일으켜 불굴의 용기로 정진하게 되면 육체적인 고통은 며칠 지나지 않아 극복이 됩니다. 육체가 그 공부를 하기에 적합한 몸으로 바뀌는 것입니다.

그렇다고 하여 육체적인 고행苦行 일변도의 수행을 하라는 것은 아닙니다. 육체를 학대하는 고행을 일찍이 체험하신 부처님께서 중도의 가르침을 내릴 때, '고행의 길이 깨달음의 길이 아니니 걷지 말라'고 하셨던 것을 우리는 잘 명심해야 합니다. 다만 육체가 공부에 길들여질 때까지 스스로의 마음가짐과 생각을 잘 다스려 첫 번째 고비를 잘 넘기라는 것입니다.

실로 불교공부에 있어 극복하기 어려운 것은 육체적인 고통이 아니라 정신적인 번뇌입니다. 이 번뇌만 없으면 쉽게 일념정진을 이룰 터인데, 이 번뇌만 없으면 선정에 들어갈 수 있을텐데, 번뇌 때문에 집중도 되지 않고 공부도 되지를 않는 것입니다.

결심을 단단히 하고 참선이나 염불 등의 공부를 해 보면 처음의 며칠은 잘 되는 듯이 느껴지지만, 2~3일이 지나면 번뇌가 불쑥불쑥 일어납니다. 홀연히 일어난 이 번뇌가 처음에는 화두話頭나 불보살님의 명호와 함께 공존을 하지만, '나' 스스로가 그 번뇌에 관심을 기울여 주면 차츰 번뇌가 자리를 굳히게 됩니다.

이것이 심해지면 화두나 염불은 팽개친 채 번뇌에 사로잡혀 버립니다. 좌선은 하되 화두는 달아난 참선, 입으로는 부처님의 명호를 외우되 부처님을 생각하지 않는 염불 속으로 빠져드는 것입니다. 곧 주객이 전도되어 버리는 것입니다.

주인의 자리를 번뇌에게 내어주는 일이 빈번하게 되면 공부에 대한 재미를 잃게 되고, 그 틈 사이로 번뇌로 둘러싸여진 자아가 스스로 고개를 내밀기 시작합니다. 그 자아의 이기심은 간사하기 그지없어서 마음의 틈바구니를 쉽게도 뚫고 올라와 자리를 잡습니다. 그리고는 정진의 마음가짐이 나약해진 우리에게 속삭입니다.

'참선공부가 어렵다더니 …. 나는 참선을 할 근기가 못되는가 보다. 염불이 참선보다 쉽다고 하니 염불로 바꾸어 볼까?'

'경전 공부는 아무나 하나? 돈을 열심히 벌어 좋은 일을 하는 것도 괜찮지.'

이렇게 자아의 이기심과 타협을 하고 번뇌와 타협을 하여 마침내는 정진마저 포기하여 버립니다. 번뇌가 만들어낸 자아의 껍질을 벗겨 무아를 이루고자 공부를 시작한 것인데, 오히려 자아에게 꺾여 무아를 이루는 진짜 공부를 포기하게 되는 것입니다.

정념! 이때 필요한 것이 정념입니다. 정념으로 번뇌를 다스려 올바른 공부를 이루어내어야 합니다. 번뇌망상만 잘 다스리면 염불삼매에 빠져들어 공부를 성취할 수 있고, 화두삼매를 이루어 능히 견성見性을 할 수 있습니다.

그럼 어떻게 하여야 불교 공부의 가장 큰 방해꾼인 번뇌를 잘 다스릴 수 있는가? 무엇보다 먼저 번뇌망상에 대한 우리의 생각부터 재정립을 해야 합니다.

번뇌에 대한 정념을 이루어야 합니다.

　불교 공부를 하는 대부분의 불자들은 '내 마음의 파도'인 번뇌를 적이나 원수처럼 생각합니다. 그리하여 번뇌와 싸움을 하고, 번뇌를 없애기 위해 몹시도 애를 씁니다. 하지만 번뇌는 파도와 같고 구름과 같은 것입니다.

　참되고 한결같은 일심一心의 바다에 바람 따라 생겨났다가 자취 없이 꺼지는 파도와 같고, 맑디맑은 무아無我의 하늘에 홀연히 일어났다가 스르르 흩어지는 한 조각의 구름과 같은 것이 번뇌입니다. 곧 번뇌는 파도나 구름처럼 고유한 실체가 없고 참다운 뿌리가 없는 것입니다.

　실체도 뿌리도 없는 파도와 구름. 그 파도를 누가 잠재울 수 있습니까? 뜬구름을 누가 흩어버릴 수 있습니까? 때가 되면 스스로 꺼지고 저절로 흩어지는 것이 파도요 구름입니다. 번뇌의 실체가 이러할진대, 무엇 때문에 번뇌를 잡고 씨름을 합니까?

　오히려 우리는 그 번뇌가 밖에서 온 것이 아님을 분명히 알아야 합니다. 그 번뇌가 일심의 바다에서 생겨난 파도요, 무아의 하늘에서 일어난 구름임을 알아야 합니다. 그 파도 또한 바닷물이요, 구름이 있는 곳 역시 하늘이라는 것을 알아야 합니다. 분명히 명심하십시오. 삼매를 이루는 불교의 공부에 있어 어떠한 번뇌도 밖에서 오는 것은 없습니다.

그런데도 우리는 염불삼매를 이루고 화두삼매를 이루어야 한다며 번뇌와 싸우기를 주저하지 않습니다. 왜 일심의 바다에, 무아의 하늘에 나타난 번뇌망상을 원수처럼 싫어하고 미워하고 없애려고 애를 씁니까?

번뇌의 속성은 순식간에 일어났다가 사라지는 것입니다. 번뇌는 실체가 없고 뿌리가 없기 때문에, 집착을 하지 않고 내버려두면 저절로 사라지게 되어 있습니다. 하지만 집착을 하고 없애고자 하면 끊임없이 꼬리를 물고 일어나는 것이 번뇌입니다.

그러므로 번뇌가 일어날 때 그냥 담담히 비추어보고 '아, 일어났구나' 하면서 다시 하던 공부에 집중을 하게 되면, 번뇌는 저절로 사라지고 집중으로 인한 일념삼매의 힘이 생겨나 무아의 평화로움, 무아의 선정을 이룰 수 있게 되는 것입니다.

일어나는 번뇌를 집착 없이 담담히 비추어보고 하

고 있던 공부에 집중하는 것! 이것이 번뇌의 장애를 다스리는 유일한 비결임을 꼭 명심하시기 바랍니다.

그리고 또 한 가지, 선정과 지혜를 이루는 불교공부 중에 번뇌가 일어난다고 하여 걱정을 하거나 물러날 필요는 조금도 없습니다. 공부 중의 번뇌는 오히려 너무나 당연한 현상입니다.

참선·염불 등의 불교공부를 한다고 하여 평소의 생활 속에서 보다 번뇌가 더 많이 일어나는 것이 아닙니다. 정확히 말하면, 염불이 조금씩 잘 되고 있고 참선이 조금씩 잘 되어가고 있기 때문에, 곧 마음을 맑히는 공부가 잘 되어가고 있기 때문에 번뇌가 평소보다 많은 듯이 느껴질 뿐입니다.

우리의 몸과 마음을 탁한 물이 담긴 항아리에 비유해 봅시다. 평소 '나'의 항아리는 생존경쟁 속에서 심하게 요동을 치고 있습니다. 돈과 이성과 출세와 명예, 그리고 스스로의 마음에 맞고 필요하다고 생각하는 것들을 좇아 심하게 흔들리고 있습니다.

그러나 일상적인 삶 속에서는 항아리와 항아리 속에 담긴 물이 함께 움직이기 때문에, 그 물이 심하게 출렁이고 있다는 것을 쉽게 느끼지 못합니다. 그런데 참선·염불 등의 공부를 통해 항아리를 움직이지 않게 고정시켜 보십시오. 바로 그때 항아리 속의 물은 어떻게 됩니까?

항아리는 멈추었지만 물은 계속 출렁입니다. 오히려 얼마동안은 갑자기 멈춘 충격 때문에 평소에 느껴보지 못했던 강한 출렁임 속에 젖어들게 됩니다. 하지만 시간이 점점 흐르면 물의 출렁임도 차츰 멎게 되고, 물이 고요해짐에 따라 물 속의 찌꺼기도 서서히 가라앉게 되는 것입니다.

그러므로 염불·참선·경전연구·참회기도 등의 불교공부를 할 때 번뇌가 죽 끓듯이 일어난다고 하여 절대로 두려워할 필요가 없습니다. 비록 마음의 파도인 번뇌가 심하게 일어나 공부를 방해할지라도, 당연한 현상으로 받아들이면서 거듭거듭 마음을 모아 경전을 탐독하고 염불하고 참선하고 참회기도를 해보십시오.

뿌리 없는 번뇌가 저절로 사라지면서, 차츰 삼매의 힘이 샘솟아 고요하고 맑고 밝고 평화롭고 아름다운 선정과 지혜의 경지가 모습을 드러내는 것입니다. 바로 이것! 정녕 이것이 무엇입니까? 바로 팔정도의 끝인 정정正定인 것입니다.

❦

지금까지 우리는 정정진·정념·정정을 불교 공부에 대입하여 살펴보았습니다. 이제 이 세 가지를 세속적인 일로 예를 들어 간략히 엮어 보겠습니다.

누군가가 사업을 할 때, 그가 바른 마음가짐으로 계획을 잘 세우고 부지런히 일을 한다면 그것이 바로 정정진입니다.

그러나 세상의 일에 시련이 없을 수는 없습니다. 안 될 때가 있습니다. 그리고 때로는 마음속에서 일어나는 흔들림이나 번뇌가 문제로 다가서기도 합니다. '될까? 안 될까? 다른 사업을 해볼까?' 등의 공연하고도 다양한 번뇌가 자리를 잡습니다.

바로 그때 불자인 우리는 어떻게 해야 하는가? 한마디로, 바로 그때가 기도를 할 때입니다. 그때 참회기도를 하고 염불을 한다면 그것이 정념입니다. 기도를 하고 한 생각을 돌이켜 용기와 빛을 불러일으키는 것. 이것이 정념입니다.

이렇게 정념으로 '나'의 불안과 번뇌를 다스려 마

음이 평안을 얻게 되면 사업은 다시 정상적인 궤도에 올라서게 되고, 평화와 행복이 충만됩니다. 이것이 무엇인가? 바른 선정, 곧 정정正定인 것입니다.

　한걸음 더 나아가 정정이 되면 모든 것이 있는 그대로 보입니다. 아주 맑은 호수에 하늘과 산과 나무와 생명 있는 모든 것들이 또렷하게 비추듯이.
　곧 정정이 되면 있는 그대로를 보는 정견正見이 훨씬 더 잘되고, 정견이 더 잘되면 정사·정어·정업의 실천은 물론이요, 정명을 확실하게 찾아 정정진과 정념을 잘 할 수 있게 되며, 늘 행복하고 평화로운 정정의 경지에서 살 수 있게 됩니다.
　그렇게 되면 또다시 더 높은 경지의 정견을 이루게 되고, …… 또 더 높은 평화의 경지인 정정으로 나아가게 됩니다.
　계속되는 향상! 이렇게 나아가 마침내 이르는 자리. 그 자리가 바로 고멸성제인 열반의 경지라는 것을 능히 알 수 있을 것입니다.

평화롭게 팔정도를 닦자

 이제 팔정도를 끝맺음하기 전에 한 가지만 더 당부를 드리고자 합니다. 그것은 조급하지도 게으르지도 않은 자세로 팔정도를 닦고 향상된 삶을 살아가라는 것입니다.
 게으름과 조급함! 물론 향상을 하고 도를 이루려면 게으르지 않아야 합니다. 멋대로 거리낌없이 노는 방일放逸에 빠져서도 안 됩니다. 이것은 누구나 다 알고 있다. 그러므로 공부를 하고자 하는 의욕이 있으면 게으름이나 방일은 스스로 잘 조정할 수 있습니다.
 문제는 조급함입니다. 빨리 성취를 보겠다는 조급증입니다. 그러나 이 조급함이 오히려 향상의 길을 가로막아 버립니다.

❁

　일본 나라奈良에 야규(柳生 : 1625~1694)라는 이가 있었습니다. 유명한 사무라이의 아들이었지만 그의 무술 실력은 너무나 평범했습니다. 어느 날 야규는 사색에 잠겼습니다.
　'이대로 지내다가는 훌륭한 무사는커녕 아버님의 뒤를 잇지도 못하리라.'
　단단히 결심을 한 야규는 와가야마의 보타락가산에 있는 유명한 도인 반조返照스님을 찾아가 제자로 삼아 줄 것을 청했습니다.
　"내 밑에서 무술을 배우겠다고? 자네는 그만한 자질이 없네."
　"가르쳐 주시기만 한다면 어떠한 고난도 기꺼이 이겨낼 각오가 되어 있습니다. 제발 거두어 주십시오."
　"결심이 그와 같다면 당분간 머물러 있게. 자질을 살펴본 다음에 무술을 가르쳐 줄 것인지 말 것인지를 정할테니 …."
　"감사합니다, 스님. 하온데 부지런히 수련하면 얼

마만에 검술을 통달할 수 있겠습니까?"

"아마 20년쯤은 잡아야 할걸세."

"예? 연로하신 아버님을 모셔야 하는 저로서는 20년 동안이나 이곳에서 수련할 수 없습니다. 더 집중적으로 수련한다면 얼마나 걸리겠습니까?"

"그렇다면 30년은 걸리겠구나."

"예? 30년이라니요? 처음에는 20년이라 하셨지 않습니까? 저는 어떠한 시련도 견딜 수 있으니, 수련해야 할 최단시일을 말씀해 주십시오."

"그와 같은 마음이라면 자네는 나와 60년은 함께 있어야 할 것 같네. 조급한 사람은 결코 빨리 배울 수 없으니!"

마침내 자신의 병을 깨달은 야규는 정중하게 말했습니다.

"잘 알겠습니다. 오로지 스님의 뜻에 따르겠습니다."

그날 이후 야규는 검술이나 무사도에 대해서는 한 마디도 논하지 않았고, 검을 만지지도 않았습니다. 단지 스님을 위해 요리를 하고 설거지를 하고 잠자리를 보살피고 청소를 할 뿐이었습니다. 어느덧 3년의 세월이 흘렀고, 야규는 여전히 열심히 일을 했습니다.

그러던 어느 날, 반조스님은 아궁이에 불을 지피고 있는 야규의 뒤로 살그머니 다가와 목검으로 사정없이 등을 내리쳤습니다. 그 다음 날은 쌀을 씻고 있을 때 다시 기습을 가했습니다.

몇 차례의 기습 공격을 받은 뒤, 야규는 낮과 밤을 가리지 않고 스님의 공격을 방어하기 위해 온 정신을 모았습니다. 그리고 세 달이 지난 날 스승의 일격을 막아낼 수 있었고, 더 이상 목검의 맛을 보지 않게 되었습니다.

그 뒤 야규는 매일 스승의 얼굴에 미소를 꽃 피우게 할 정도로 급속히 검술을 익혀 1년 만에 하산을 하였습니다. 야규는 마침내 당대 최고의 사무라이가 되었고, 뒷날 도쿠가와 이에야스〔德川家康〕의 스승이 되어 그에게 검술을 전수하였습니다.

§

야규의 조급증에 동조하지 않고 3년 동안 잡일을 시키며 헛된 욕망을 비우게 한 반조스님. 팔정도를 닦는 우리는 이 이야기를 잘 기억할 필요가 있습니다.
　결코 조급함으로 속히 이루려고 하지 마십시오. 조급함이, 속히 이루려는 그 마음이 정도正道를 벗어나게 합니다. 바른 성취를 망칩니다. 도를 닦는 마음가짐을 읊은 옛 노래를 음미해 보십시오.

　　속효심도 내지 말고
　　나태심도 내지 말라
　　슬금슬금 가다 보면
　　해돋을 때 아니 올까

　이 노래 속에 팔정도의 진수인 중도中道의 교훈이 잘 담겨져 있습니다. 해를 빨리 보고자 한다고 해가 빨리 뜹니까? 해가 뜬들 잠들어 있으면 해가 보입니까? 아닙니다. 뜰 때가 되면 해는 저절로 뜹니다. 그리고 해가 뜰 때 깨어 있으면 해를 볼 수 있습니다.
　조급증도 품지 말고 게으름도 부리지 말고 한 걸음 한 걸음 착실히 나아가다 보면 능히 떠오르는 해를 맞이할 수 있습니다. 불교의 깨달음은 조급함이나 게으름과 함께 하지 않습니다. 시절인연이 무르익으면 스스로 다가옵니다.

팔정도를 닦음에 있어 정녕 중요한 것은 '**깨어나야 한다**'는 것입니다. 맑은 정신으로 집중을 하여 들어가야 한다는 것입니다. 번뇌로부터 깨어나야 하고, 졸음이나 흐리멍텅한 상태에 빠진 채 공부를 하여서는 안 됩니다. 흐리멍텅한 정신으로 흘러다니며 사는 존재가 되어서는 안 됩니다.

팔정도에 의지하여 깨어나는 것! 바로 이것이 위 없는 깨달음을 이루는 근본 힘이요 팔정도의 골격입니다.

불교의 가장 잘 사는 방법을 설한 팔정도. 번뇌와 무기력한 상태에서 깨어나 근원으로 돌아가는 공부방법인 팔정도. 번뇌 이전, 고난 이전, 업장 이전으로 돌아가는 공부인 팔정도.

이 공부를 통하여 근원으로 돌아가면 갈수록 마음이 편안해지고, 마음이 편안해지면 삶이 편안해지며, 삶이 편안하면 주위가 편안해질 뿐 아니라 마침내는 일체가 편안해 집니다. 그야말로 편안함과 행복함과 자유와 청정을 누리게 됩니다.

부디 모든 불자들이 부처님 가르침의 백미白眉인 팔정도를 잘 실천하여 무아無我를 이루고, 대지혜와 대자비와 대평화와 대행복이 충만된 위없는 깨달음을 증득하여 부처님이 되시기를 축원드리면서 사제법과 팔정도의 글을 마감합니다.

나무 삼계도사 석가모니불
나무 사생자부 석가모니불
나무 시아본사 석가모니불

기도 및 영가천도의 지침서

광명진언 기도법 / 일타스님·김현준　　　　신국판 176쪽 6,000원
광명진언 속에 새겨진 참의미와 바른 기도법, 빠른 기도성취법 등을 자상하게 설하고, 유형별 기도성취 영험담을 다양하게 수록하였습니다. 광명진언을 외우면 행복과 평화, 영가천도, 소원성취를 이룰 수 있습니다.

생활 속의 기도법 / 일타스님　　　　　　　신국판 160쪽 6,000원
불교계 최대의 베스트셀러! 일상생활에서 누구나 처할 수 있는 여러 가지 상황에 따른 구체적인 기도방법에서부터 특별기도성취법·영가천도기도법·기도할 때 지녀야 할 마음가짐까지, 자상한 문체로 예화를 섞어 쉽고 재미있게 엮었습니다.

기도 / 일타스님　　　　　　　　　　　　　신국판 240쪽 9,000원
총 6장 52편의 다양한 기도 영험담으로 엮어진 이 책을 읽다보면 기도를 통해 틀림없이 부처님의 가피를 입을 수 있음을 확신할 수 있게 되고, 올바른 기도법과 함께 기도성취의 지름길을 알 수 있게 됩니다.

관음신앙·관음기도법 / 김현준　　　　　　신국판 240쪽 9,000원
관세음보살의 구원 능력, 주요 경전 속의 관음관, 11면관음·천수관음·32응신·33관음 등 자비관음의 여러 가지 모습, 일심칭명 일념염불의 관음기도법, 독경사경 기도법, 다라니 염송 기도법 등을 자세하고도 알기 쉽게 풀이하였습니다.

지장신앙·지장기도법 / 김현준　　　　　　신국판 188쪽 7,000원
지장신앙 속에는 영가천도뿐만이 아니라 현세에서의 행복과 깨달음, 성불의 비결까지 간직되어 있습니다. 이러한 지장신앙의 여러 측면과 함께 생활 속에서 할 수 있는 지장기도법을 자세히 밝혀놓았습니다.

불교의 자녀사랑 기도법 / 김현준　　　　　신국판 160쪽 6,000원
가장 가깝고 가장 사랑하는 자녀들을 정말 잘 사랑할 수 있는 방법을 부처님의 가르침에 의지하여 정립하고 생활화한 책입니다. 특히 이 책속의 기도법은 자녀의 향상과 발전과 원성취를 이루게 하는 묘법이라 아니할 수 없습니다.

기도성취 백팔문답 / 김현준　　　　　　　　신국판 240쪽 9,000원
기도에 대한 정의·기도와 믿음·기도를 방해하는 번뇌망상·업장소멸·꾸준한 기도의 효험·원을 세우는 법·축원법·각종 기도가피·기도성취의 시기·성취를 위한 하심법 등 기도에 관한 여러 궁금증들을 원리에 입각하여 풀이하였습니다.

참회와 사랑의 기도법 / 김현준　　　　　　신국판 192쪽 7,000원
참회의 정의에서부터 참회기도를 해야하는 까닭, 절을 통한 참회법·염불참회법·주력참회법·가족을 향한 참회법, 기도 축원의 구체적인 내용 및 자비의 기도가 갖는 효과, '백중과 영가천도'등에 대해 아주 상세하게 설명하고 있습니다.

참회·참회기도법 / 김현준　　　　　　　　　신국판 160쪽 6,000원
참회의 참된 의미, 절·염불을 통한 참회법, 참회인의 마음가짐, 이참법 등을 영험담들과 함께 감동 깊게 엮은 책으로, 참회를 통해 행복하고 자유로운 삶을 사는 방법을 열어주고 있습니다.

화엄경 약찬게 풀이 / 김현준　　　　　　　신국판 216쪽 8,000원
화엄경약찬게를 그냥 읽으면 참으로 어렵고 무슨 내용인지 알 수 없지만 이 풀이를 본 다음에 읽으면 약찬게를 명확히 파악할 수 있게 될 뿐 아니라 화엄경의 내용까지 꿰뚫어 환희심이 샘솟고 대화엄의 세계에서 노닐 수 있게 됩니다.

신묘장구대다라니 기도법 / 우룡스님·김현준　　신국판 208쪽 7,000원
신묘장구대다라니를 외우면 생겨나는 가피와 공덕, 기도의 방법과 주의할 점, 우룡스님이 들려주는 14편의 영험담, 대다라니의 근본경전인 『무애대비심다라니경』을 수록하고 있는 이 책을 읽고 자신있게 기도하면 심중 소원의 성취와 기적같은 체험도 할 수 있습니다.

기도 성취의 지름길 / 우룡스님　　4×6판 160쪽 5,000원
가족을 위한 기도와 기도 성취의 원리에 초점을 맞춘 감동적인 기도법문집. 가족을 향한 참회와 절의 필요성, 3배 기도의 큰 영험과 함께 믿음과 정성이 뒤따르고 고비를 잘 넘겨야 기도를 성취할 수 있다는 것을 많은 이야기를 곁들여 설하고 있습니다.

기도 이야기 / 우룡스님　　신국판 204쪽 7,000원
"스님, 기도로 소원을 성취할 수 있습니까?" 총 6장 45편의, 참으로 재미있는 기도성취 영험담이 수록된 이 책을 읽고 기도를 하면, 불보살님과 통하는 감응의 길이 열리면서 심중소원을 빨리 성취하게 됩니다. 또한 이야기 끝에 붙인 큰스님의 해설은 기도의 방법을 쉽게 터득할 수 있도록 이끌어줍니다.

영가천도 / 우룡스님　　신국판 160쪽 6,000원
영가의 장애를 느끼십니까? 돌아가신 영가를 영가를 제대로 천도해 드리지 못했습니까? 영가천도의 필요성과 기본자세, 염불·독경·사경을 통한 영가천도, 49재, 낙태아 천도 등 영가천도에 관한 궁금증 및 천도의 방법을 우룡스님의 자세한 법문으로 풀어드립니다.

법화경 (양 장 본) / 김현준 역　　　　4x6배판 520쪽 25,000원
법화경 (무선제본) / 김현준 역　　　전3책 4x6배판 550쪽 22,000원
법화경 한글사경 / 김현준 역　　　　4x6배판 각권 120쪽 내외
　　　　　　　　　　　　　　　전5책 권당 5,000원 5권 총 25,000원

불교 최고 경전인 법화경! 이 경을 독송하고 사경해 보십시오.
소원성취는 물론 깨달음과 경제적인 풍요까지 안겨줍니다.

법화경을 독송하고 사경하면 부처님과 대우주법계의 한량없는 가피가 저절로 찾아들어 업장소멸은 물론이요 갖가지 소원을 두루 성취할 수 있습니다. 특히 밝은 지혜를 얻고 크게 향상하게 되며 경제적인 풍요와 사업의 번창·입시등 각종 시험의 합격 및 승진이 쉬워지고 가족 모두가 평온하고 복된 삶을 누리며, 병환·재난·가난 등 현실의 괴로움이 소멸되고 부모 친척 등의 영가가 잘 천도되며 구하는 바가 뜻과 같이 이루어집니다.

지장경 / 김현준 편역　　　　4×6배판 208쪽 8,000원

지장기도를 하는 분들을 위해 ① 지장경을 처음부터 끝까지 1번 독송, ② '나무지장보살'을 천번염송, ③ 지장보살예찬문을 외우며 158배, ④ '지장보살'천번 염송의 4부로 나누어 특별히 만들었습니다.
지장경 독경 및 지장보살예참과 염불을 할 때, 각 장 앞에 제시된 기도법에 따라 기도를 하게 되면, 지장보살의 가피 속에서 틀림없이 영가천도·업장소멸·소원성취·향상된 삶을 이룩할 수 있게 됩니다.
이 두 책의 내용은 같으며, 활자 및 책크기만 다릅니다.

다량의 법보시는 할인 혜택을 드립니다. 출판사로 연락 주십시오. ☎ (02) 582-6611

알기 쉬운 경전 해설서

생활 속의 보왕삼매론 / 김현준   신국판 240쪽 9,000원
병·고난·공부방해·마魔·억울함 등의 역경과 일의 성취, 정의 나눔, 타인의 순종, 공덕 쌓기, 이익과 부귀 등의 순경에서 발생하는 장애들을 능히 극복할 수 있게 하는 「보왕삼매론」을 원리에 입각하여 풀이하여 누구나 감동 있게 읽을 수 있습니다.

생활 속의 천수경 / 김현준   신국판 240쪽 9,000원
천수관음은 어떤 분이며, 천수관음을 청하는 법과 가피를 얻는 법, 신묘장구대다라니의 풀이와 공덕, 참회 성취의 비결 및 준제기도, 주요 진언의 뜻풀이, 각종 소원을 이루는 방법 및 기도법 등을 상세하게 풀이하고 있습니다.

생활 속의 금강경 / 우룡스님   신국판 304쪽 10,000원
금강경의 심오한 내용을 알기 쉽게 풀이하고 일상생활과 접목시켜 강설함으로써 삶의 현장에서 금강경의 가르침을 능히 응용할 수 있도록 하였고, 감동을 주는 일화들을 많이 삽입하여 재미를 더해주고 있습니다.

생활 속의 관음경 / 우룡스님   신국판 240쪽 9,000원
관세음보살보문품인 관음경을 통하여 관세음보살의 본질, 일심칭명과 재난 소멸법, 공경예배와 소원 성취법, 관세음보살을 관하는 법 등에 대해 여러 가지 영험담과 함께 감동적으로 풀이하고 있습니다.

생활 속의 반야심경 / 김현준   신국판 240쪽 9,000원
공空의 의미, 모든 괴로움의 원인과 괴로움에서 벗어나는 방법, 색즉시공 공즉시색의 참뜻, 걸림 없고 진실불허한 삶을 이루는 방법 등을 반야심경의 경문을 따라 쉽고 상세하고 재미있게 풀이하고 있습니다.

예불문, 그 속에 깃든 의미 / 김현준   신국판 256쪽 9,000원
불자들이 답을 얻기 어려웠던 오분향의 의미와 지심귀명례하는 방법, 불법승 삼보의 내용과 문수·보현·관음·지장보살, 십대제자·16나한·5백나한·천이백아라한·역대조사, 그리고 사부대중의 화합 등의 내용을 모두 담았습니다.

자비도량참법 / 김현준 역   양장본 4×6배판 528쪽 25,000원
참되이 참회하시기를 원하십니까? 자비도량 참법 기도를 하십시오. 나의 허물과 죄업의 참회에서 시작하여 부모 스승 친척 등 육도 속을 윤회하는 온 법계 중생의 업장과 무명까지 모두 소멸시켜줍니다. 이 참법을 행하다 보면 저절로 참회의 마음이 깊어지고 자비가 충만하여지고 환희심이 넘쳐나게 됩니다.

육조단경 / 김현준   4×6배판 240쪽 8,000원
육조 혜능대사께서 설한 선종의 근본 경전으로 인간의 참된 본성을 보게 하여 마음을 치유하고 깊은 깨달음을 열어주는 불자의 필독서.

승만경 / 김현준 역   4×6배판 144쪽 6,000원
유마경 / 김현준 역   4×6배판 296쪽 12,000원
천지팔양신주경 / 김현준 편역   4×6배판 96쪽 4,000원

● 아름다운 우리말 경전 시리즈 ●

유교경 / 일타스님·김현준 역　　　　　　　국반판　100쪽　2,500원
부처님의 간절한 마지막 가르침을 담은 매우 소중한 경전.

금강경 / 우룡스님 역　　　　　　　　　　국반판　100쪽　2,500원
'금강경을 우리말로 보급하겠다'는 원력에 의해 제작된 책.

관음경 / 우룡스님 역　　　　　　　　　　국반판　100쪽　2,500원
관음경의 번역과 함께 관음기도와 염불법에 대해 자세히 설한 책.

보현행원품 / 김현준 편역　　　　　　　　국반판　100쪽　2,500원
보현보살의 십대원을 설하여 참된 보살의 길로 이끌어주는 책.

약사경 / 김현준 편역　　　　　　　　　　국반판　100쪽　2,500원
한글 번역과 함께 약사기도법과 약사염불법에 대해 자세히 설한 있는 책.

지장경 / 김현준 편역　　　　　　　　　　국반판　196쪽　4,000원
편안한 번역으로 쉽게 이해할 수 있도록 하였으며, 기도법도 자세히 수록한 책.

부모은중경 / 김현준 역　　　　　　　　　국반판　100쪽　2,500원
부모님의 은혜를 느끼며 기도를 할 수 있게 엮은 책.

초발심자경문 / 일타스님 역　　　　　　　국반판　100쪽　2,500원
신심을 굳건히 하고 수행에 대한 마음을 불러일으키게끔 하는 책.

법요집 / 불교신행연구원 편　　　　　　　국반판　100쪽　2,500원
법회와 수행 시에 필요한 각종 의식문, 좋은 몇 편의 글들을 수록한 책.

● 많이 찾는 기도 독송용 한글 경전 ●

원각경 / 김현준 편역　　　　　　　　　4×6배판　192쪽　8,000원
한국불교의 근본 경전인 원각경을 3년 동안 정성을 다해 수십 차례 번역·수정·윤문하여 쉽게 이해할 수 있도록 하였습니다. 한글과 원문을 바로 옆에 두어 대조하며 읽을 수 있습니다.

보현행원품 / 김현준 편역　　　　　　　4×6배판　112쪽　5,000원
보현행원품과 예불대참회문을 함께 실어 독경 후 행원품에 근거한 전통적인 108배를 행할 수 있도록 만들었으며, 독송 방법과 대참회의 의미 등도 상세히 설명하였습니다.

금강경 / 우룡스님 역　　　　　　　　　4×6배판　112쪽　5,000원
책 크기만큼 글씨도 크게 하고 한자 원문도 수록하였으며, 독송에 관한 법문도 첨부하였습니다. 사찰 및 가정에서의 독송용으로 매우 좋습니다.

약사경 / 김현준 편역　　　　　　　　　4×6배판　100쪽　4,000원
아주 큰 활자로 약사경 한글 번역본을 만들었습니다. 약사경 독경 방법 및 약사염불법도 함께 실어 기도에 도움이 되도록 하였습니다.

관음경 / 우룡스님 역　　　　　　　　　4×6배판　96쪽　4,000원
커다란 글씨의 관음경 해설과 함께 관음경의 원문과 독송법, 관음 염불 방법 등을 수록하여 관음경의 가르침을 쉽게 이해하도록 하였습니다.

읽을수록 신심을 북돋우는 책

리틀 붓다, 행복을 찾아서 / 클라우스 미코슈 지음·김연수 옮김
재치와 감동과 따뜻함이 있는 이야기. 지혜로운 삶에 관한 이야기. 꿈과 성취와 행복이 담긴 이야기. 소중한 삶의 주제들로 가득 채워진 이 책을 읽다 보면 진정한 행복이 무엇인지를 깨닫게 되고, 우리의 불성이 깨어나고 있음을 느낄 수 있게 됩니다.
　　　　　　　　　　　　　　　　　　　　　　　　　컬러양장본 184쪽　12,000원

뭐가 그리 바쁘노 / 김현준 엮음　　　　　4×6판 180쪽　5,500원
총 8장 73가지 일화를 담은 이 책 속에는 우리의 정신을 번쩍 깨어나게 하고 새로운 기운을 불러일으키는 일화들을 비롯하여, 스님께서 제자·시자·신도·수행승들과 함께한 일상생활 속의 참모습들이 생생하게 묘사되어 있습니다.

참 생명을 찾는 경봉스님 가르침 / 김현준 엮음　신국판 192쪽　7,000원
경봉스님께서 설한 법문집. 참 생명을 찾는 공부 방법과 도와 인생의 실체, 이 사바세계를 무대로 삼아 멋있게 사는 법 등을 다양한 이야기와 함께 엮은 책입니다.

도와 함께하는 행복과 성공 (경봉스님 법어집) / 김현준　160쪽　6,000원
행복은 어디에 있고 어디에 깃들며, 어떻게 할 때 성공하는가? 복 짓는 법과 성공에 있어 가장 필요한 것이 무엇인지를 잘 깨우쳐주고 있으며, 참선수행은 어떻게 하는지를 자상하게 일러주고 있습니다.

불자의 마음가짐과 수행법 / 일타스님　　신국판 192쪽　7,000원
불자들이 큰 행복과 대자유를 얻기 위해서는 어떠한 마음가짐으로 살아야 하며, 참선·염불·간경·주력의 불교 4대 수행법을 어떻게 닦아야 하는가를 갖가지 비유를 들어 상세히 설하고 있습니다.

오계이야기 / 일타스님　　　　　　　　신국판 160쪽　6,000원
살생·투도·사음·망어의 근본 4계에 불음주계를 합한 5계에 대한 법문집. 재미있는 일화를 들어 각 계율의 연원과 지키는 방법, 계율을 범했을 때의 과보 등을 자세히 설했습니다.

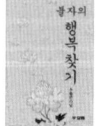
불자의 행복 찾기 / 우룡스님　　　　　　신국판 190쪽　7,000원
우룡스님 설법의 결정판. ① 복 받기를 원하거든 ② 보시로 이루는 큰 복 ③ 아상과 무주상 ④ 행복과 기도의 총 4장으로 나누어져 있는 이 책을 읽다 보면 복 짓고 복 쌓고 복 받는 방법과 원리를 저절로 터득할 수 있게 됩니다.

불교신행의 주춧돌 / 우룡스님　　　　　신국판 240쪽　9,000원
신행생활 속에서 자주 겪게 되는 시행착오를 미리 피하고, 올바른 정진을 하여 깨달음의 세계로 나아가는데 꼭 필요한 마음가짐과 신행방법 등을 자상한 문제와 일화들로 알기 쉽게 엮었습니다.

영험 크고 성취 빠른 각종 사경집 (책 크기 4×6배판)

광명진언 사경 (가로쓰기:1080번 사경)　　　128쪽　5,000원
광명진언 사경 (세로쓰기:1080번 사경)　　　128쪽　5,000원
눈으로 보고 입으로 외우고 손으로 쓰고 마음으로 새기는 광명진언 사경은 크나큰 성취를 안겨줍니다.

금강경 한글사경 (1책으로 3번 사경)　　　144쪽　6,000원
금강경 한문사경 (1책으로 3번 사경)　　　144쪽　6,000원
금강경 한문한글사경 (1책으로 1번 사경)　　　100쪽　4,000원
요긴하고 으뜸된 경전인 금강경을 사경해 보십시오. 업장소멸과 함께 크나큰 깨달음과 좋은 일들이 저절로 다가옵니다.

아미타경 한글사경 (1책으로 7번 사경)　　　116쪽　5,000원
살아 생전 또는 부모나 가까운 분이 돌아가셨을 때 이 경을 쓰면 극락왕생이 참으로 가까워집니다.

반야심경 한글사경 (1책으로 50번 사경)　　　116쪽　5,000원
반야심경 한문사경 (1책으로 50번 사경)　　　116쪽　5,000원
반야심경을 사경하면 호법신장이 '나'를 지켜주고, 공의 도리를 깨달아 평화롭고 안정된 삶이 함께 합니다.

신묘장구대다라니 사경 (50번 사경)　　　116쪽　5,000원
대다라니를 사경하면 관세음보살님과 호법신장들이 '나'와 주위를 지켜주고 소원성취와 동시에, 행복하고 자비심 가득한 마음을 가질 수 있도록 해줍니다.

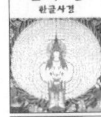

천수경 한글사경 (1책으로 7번 사경)　　　112쪽　5,000원
천수경을 사경하고 독송하면 천수관음의 가피가 저절로 찾아들어, 업장 및 고난의 소멸과 갖가지 소원을 쉽게 성취할 수 있습니다.

관음경 한글사경 (1책으로 5번 사경)　　　112쪽　5,000원
관음경을 사경하면 늘 행복이 함께하며, 학업성취·건강쾌유·자녀의 성공·경제문제 등에도 영험이 매우 큽니다.

지장경 한글사경 (1책으로 1번 사경)　　　144쪽　6,000원
지장경을 사경하고 독송하면 영가천도는 물론이요, 각종 장애가 저절로 사라지고 심중의 소원이 성취됩니다.

아미타불 명호사경 (1책으로 5,400번 사경)　　　160쪽　6,000원
'나무아미타불'과 '아미타불'을 오회염불법에 따라 외우고 쓰는 특별한 명호사경집입니다. 집중력을 더하여, 심중 소원 성취에 큰 도움을 줍니다.

관세음보살 명호사경 (1책으로 5천4백번 사경)
지장보살 명호사경 (1책으로 5천번 사경)　　각 권 108쪽　5,000원
'관세음보살'이나 '지장보살'의 명호를 쓰면서 입으로 외우고 마음에 새기면, 관세음보살님과 지장보살님의 가피를 입어 몸과 마음이 큰 변화를 이루고, 마음속의 원을 능히 성취할 수 있습니다.

불교교리총서 ❷

사성제와 팔정도

초 판   1쇄 펴낸날   2013년 1월 23일
　　　　5쇄 펴낸날   2025년 2월 13일

지은이   김현준
펴낸이   김연지
펴낸곳   효림출판사

등록일   1992년 1월 13일 (제2-1305호)
주 소   서울특별시 서초구 반포대로14길 30, 907호 (서초동, 센츄리 I)
전 화   02-582-6612, 587-6612
팩 스   02-586-9078.
이메일   hyorim@nate.com

값 9,000원

ⓒ 효림출판사 2013
ISBN   978-89-85295-74-1   03220

잘못 만들어진 책은 바꿔 드립니다.
이 책은 저작권법에 따라 보호를 받는 저작물이므로 무단전재와 무단복제를 금지합니다.